來自大溪

從失學少年到臺大文學博士之路

江燦騰　著

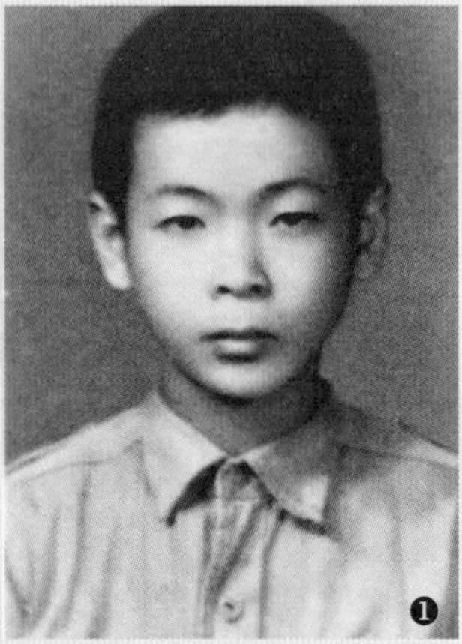

❶ 1959 年 7 月大溪國民學校第五十六屆畢業照。
❷ 1963 年夏季，在公路局當工友時，與同事出遊。左立者即是作者。
❸ 1975 年春天與小學同學在大溪公園合照，前立者是作者。

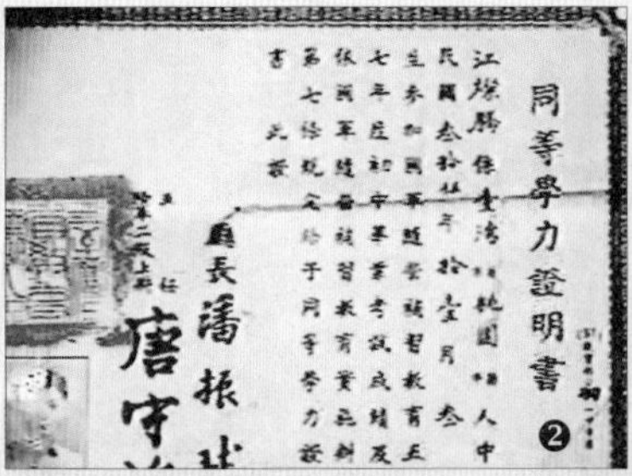
同等學力證明書

及格證書

❶ 在軍中取得初中同等學力檢定及格證書。

❷ 1977 年 5 月通過高中自修同等學力檢定及格證書。

❸ 2000 年 6 月大溪國民小學導師林清圖老師夫婦（左、中），到臺大校園參加作者的博士畢業典禮。

❶ 1975 年秋天在臺灣飛利浦電子公司的廠務部機房值班現場。
❷ 1976 年春天孤身從阿里山縱走到溪頭途中。
❸ 1977 年 11 月 12 日 結婚迎娶，在大溪普濟路警察宿舍前。

❶ 1977 年 10 月 10 日在大溪普濟路警察宿舍前，訂婚合影。前左，是岳父、岳母。前右是母親、大哥。後立左，是四弟。後中是鄰居廖學炎、後右是廖夫人。

❷ 1978 年秋，臺灣師範大學歷史系夜間部新生學生證照片。

❸ 1978 年秋，新生穿大學服中立者是作者。左是二年級學長。右是同學雷右軍。

❶ 1980 年，師大三年級時，全家福照片。
❷ 1983 年，師大畢業時，與妻兒女在系辦公室外合影。
❸ 1983 年，師大畢業的謝師宴時，與王仲孚教授及同學合影。

❶ 與臺大歷史所的同學校外聚餐，前排中間為作者，左二是潘光哲，現任中研院近史所副所長。

❷ 獲得傅斯年校長紀念獎學金八次，在中研院史語所領獎。

❸ 由於學業成績優異，開始受到外界注意。《中央日報》記者以大篇幅報導作者的特殊人生經歷。

❶ 出版《臺灣佛教百年史之研究》，受到教育部長吳京注意，並獲第一屆臺灣宗教學術金典。中國的世界宗教研究所與人民大學的學者特別相繼發表書評，高度肯定。

❷ 由於著作頻出、見報率高，李登輝總統執政中期，出現各種宗教事件，各界有宗教掃黑的強烈呼聲。行政院長連戰在行政院召開全國會議，作者也應邀前往發言。

❸ 受邀到中國社會科學院世界宗教研究所訪問，並在中國社會科出版社出版《明清民國佛教思想史論》，此書迄今還是北大的相關參考著作。

❶ 獲得花蓮慈濟獎學金第一名，應邀到花蓮慈濟靜思精舍拜見證嚴比丘尼。

❷ 佛光山遇到外界抗爭而封山期間，開始受邀前往叢林學院研究部指導論文寫作，並與開山住持星雲比丘不時交談。

❸ 戒嚴後各種新興宗教組織紛紛出現，經常應邀前往演講。

❶ 1995 年 11 月 10 日，在北京大學哲學系的會議上（左），初識大陸著名學者葛兆光教授（右）。

❷ 受大陸佛教學者委託，前往新竹福嚴佛學院與印順長老洽談其著作授權問題。

❸ 因印順長老的著名追隨者昭慧比丘尼，想發揚印順長老的佛教戒律思想，並提倡佛教兩性平等的主張，應邀參與聲援。

中華民國八十九年六月十八日

從工人到博士 江燦騰拚出人生

只有小學畢業，多年來半工半讀，論文寫了六十四萬字，昨天拄著枴杖接受祝福，但骨髓癌仍在考驗五十四歲的他

❶ 2000 年夏季，臺大博士學位通過後，與曹永和老師（左藍格襯衫者）及李永熾（右）老師，在文學院二樓走廊合影。

❷ 2000 年夏季，臺大博士學位通過後，在畢業典禮上，唯一上臺與陳維昭校長握手者。

❸ 臺大博士學位通過後，第二天，《聯合報》記者曹銘宗特別專欄報導作者艱苦自學有成的始末事跡。

❶ 2000 年夏季，臺大博士學位通過後，法鼓山聖嚴博士特頒獎學金。
❷ 在中正大學嘉義校本部校園，與大陸宗教學者張新鷹先生（左二）合影。

❶ 與所指導的三位碩士畢業合影，後排左起德昱比丘尼、信融比丘尼、清度比丘尼。

❶ 法國的佛教博士生於竹北書房。
❷ 德國的年輕研究生於竹北書房。
❸ 生平論學摯交賴鵬舉醫生，曾來北投書房與作者交換學術意見。

❶ 2002 年，在新竹市清華大學校園後門樹林中的法華寺客堂，與住持隆慧尼（中）、中華佛寺協會秘書長林蓉芝（右）交談。之後，法華寺就被清華大學徵收，拆除。

❷ 與作家陳若曦（左二）在新竹市北門淨業院前合影。

❶ 與前衛出版社林文欽社長，在北投書房合影。
❷ 作者在竹北市國強街自家門前留影。

目錄

第二部 走出大溪

第四部　往來竹北之間

自序

無悔人生的往日歷程

年過古稀又五，猶能有新著問世，特別欣喜。就像面對美麗的夕陽，衣襟雖被冰冷的晚風習習吹拂，但我環顧天地間視野時，遼闊世界依舊，且能察覺自己身體的清晰感覺與思維敏銳且專注。因而處在此時此境中，依然心際優遊自在，愉悅無比。就像再次體驗令人珍惜的歡快時光之旅，讓記憶更鮮活銘刻，回味也更綿遠無窮。

回想從半世紀前，我從世居桃園大溪的故鄉，在當兵退伍之後，隻身來到新竹縣竹北鄉的大外商荷蘭臺灣飛利浦電子公司竹北廠擔任機房操作員近二十年（一九七一—一九八九），如今（二〇二一）此地已是嶄新的竹北市，居民也暴增了五倍之多，並且已有新竹高鐵站、美食街、科學生技園區等，處處高樓新廈櫛次鱗比，一片欣欣向榮景象，平均生活水準之高已躍居全臺前幾名之列。

我自己連作夢都不曾想過，自己會從此久居此地，除成家立業之外，居然還能從一個曾中輟失學十八年的產業技術勞工，之後像變魔術一樣地蛻變成一位臺大歷史研究所畢業的優質文學博士，以及從科技大學通識教育中心正教授退休將近十年，並且還能年年持續勤奮治學又不斷發表新作品。這不是尋常有的人生際遇，所以我常懷著深沉的感恩之情，來迎接自己每一次新書出版的快樂時光來臨。同時，也常懷著深深的感謝，來對待不少曾幫助我知識成長與曾給我發表機會的師友同道。

但是，別人如何看我？而我如何看自己呢？

中央研究院院士曹永和教授說：「江燦騰，對人熱誠，對事執著，所以在論述之際，常赤裸裸地將內心的感受，形之於文或出之於口，因此不知不覺中，也遭某些人的猜忌。」釋昭慧法師也提到：「江燦騰，敦厚、率真、熱誠，善體人情事理，有大精進力，而且安貧樂道」，但「直率而狂傲的一面，令他在教界、學界廣樹敵人」。

我自己承認：「自己雖多年來一直從事研究佛教史或思想史，也的確對相關文獻下了很深的工夫，稱得上是會讀書、有優秀學術表現的一個人。不過，就個人的禮儀方面來講，則很缺乏教養，習氣也很深。」也說過：「我不慣於社交，也學不會彬彬有禮，或擅講客套話。有話直說，一針見血，就是我一向的表達形式。」

不過，國史館處長侯坤宏博士則說江燦騰著作中「有一股篤實的學風和蓬勃的銳氣」，在學術論辯的公開場合，常會因「鋒芒畢露」、「不通人情」，讓「舉座尷尬」。他又說，江燦騰的這種鋒芒畢露曾被揶揄為「殺手學者」（或「學界狂人」）。因為這種性格，江燦騰「樹立了不少敵人」，也因此嘗到不少苦果。又說，江燦騰的著作中，時時表現出一種「批判精神」。

大陸著名學者葛兆光，認為江燦騰「有敏銳的問題意識，常常從歷史的縫隙處切入，找到新的問題」。

已故的大陸首席宗教學理論家呂大吉教授，分析江燦騰的為學與做人時，曾說：「犀利如刀的的言詞反映了他觀察的敏銳，嚴苛的評價反映其思考的深度，快人快語可見其天性的單純與赤誠，不善交際可見其不媚於俗的赤子之心。」

而我自己分析，我自己在學術上的「過於認真，有時對於別人反而是一種無形的壓力和難堪的對照」。國史館處長侯坤宏博士說，來自江燦騰的這種壓力和難堪，會讓當事人非常不愉快。這就是他在佛教界及學術界樹敵的根本原因，當然其後果，也得由他自己去承擔。

為何選擇這樣無怨無悔的人生之路？

也許是憨膽的緣故，就像走鋼索一樣，我只能在平衡和前進中，盡一切可能，否則就無未來性可言。

我的人生是殘缺的，是曾斷然地割捨很多他人所擁有的東西，才能一路跌跌撞撞地走下來。我真的也不想過這樣的生活和走這樣的路。但，一旦走過，就無怨無悔。

二〇二一年元月於竹北自宅無悔齋書房

致讀者

寫了書，自然希望有讀者讀，並且越多人越好，但這不是作者個人的主觀期望所能左右的，而是取決於來自各方多數未曾謀面的讀者本身，看其是否有意願讀本書。因此，作者只能盡力把書的內容寫好，至於出版後的命運如何？就看讀者的市場本身如何反應了。

本書並非傳統意義下的個人回憶錄，也不是嚴格意義下的個人自傳，而只是一種關於個人往日歷程的雜錄。因此，它只能算是對個人生命歷程各階段中，猶存往日印象的各面向素描筆記的綜合彙編。我們每個人實際會記得的事物，絕大多數只是對他有意義的事物才會長期記憶下來。沒有意義的事物，就像每天看街上的招牌，縱使已看過好多年好多遍，也只是覺得很熟悉它們的存在而已。因而，人的一生中，不論能夠活多久，有關他每天二十四小時所有經歷的形形色色活動，或在他夜間睡眠時所持續出現的各種夢境，同樣也只有特別值得記下的會有所紀錄或留影，其餘大都很快消逝了。

再者，縱使他是一位超級的自戀狂，每天喜歡拿著手機一直猛拍自己，日日如此；但是之後，他也無法完全再現有關他往日所有體驗過的全部生命歷程狀況。因而說到底，不論是透過何種方式，要想追憶往日如逝水的美麗時光印象，唯一可能的方式，就是篩選記憶中的各類材料，然後進行有效的剪裁與編輯組合，才有可能在影音或文字書寫的符號中，被自己或他者閱覽與了解。

至於本書的內容，又是經過怎樣的有效剪裁與編輯呢？大致有幾種常用的方法：

一、若有深刻感觸的事物，就儘量設法筆錄下來，再設法撰成文章發表。除了學術著作外，往昔曾發表在各大報副刊或雜誌上的文章內容，就是個人實際生活經驗的局部再現。個人並沒有每天寫日記的習慣，曾發表過的文章，就是我過往實際生活部分日記的代替品。如今都已儘量蒐集並納入本書恰當章節之中。

二、在有自己的臉書帳號之後，七年來我持續每天在上面勤寫自己的生活印象、讀書心得筆記，或者重新追憶並素描往日那些猶存記憶的美麗時光印象等。另外，臉書還設有能回顧過去動態的功能，所以我就可以藉此看到臉書上過去七年來，所有同一天的各種貼文及照片。這大大增強了我素描往日時光的材料來源。

三、來自他人對自己所作所為的記憶或評論書寫。藉著別人腦中對自己的各種記憶或評價，我就另外看到我所未曾料到的他者呈現的另一自己的相關印象。

因而，本書來自以上三種材料所重新編寫過的全部內容，幾乎都曾再次在臉書上連續不定期發表過。至於曾追蹤閱讀過的臉書讀者群，至少也上千人以上。當中還很多好友，都曾屢屢勸我要將其蒐集下來編輯成書，好讓大家還能再次閱讀。

如今本書之所以會編輯成書，就是在回應這些曾閱讀過的讀者。只是，這些內容編輯成書出版後的命運又將如何？就不是作者我所能預料的了。

命運非常奇妙，之前我完全沒有任何記憶，我在幾年前，有一次居然曾用臉書上的私訊管道，傳給現任國立成功大學臺灣文學系的廖淑芳教授一篇簡直堪稱是異類又狂放無羈、赤裸裸自我心靈表白的新書序。因此當我在二〇二〇年七月二十三日意外發現它、並全文重讀一遍後，我立刻發現它很適合現在這本書的內容，內心為之激動無比，立刻決定只更動原先的六十九歲為現在的七十五歲，其餘全部照舊，納入序文的後半部。

我在新書大致編輯完成之後，剛剛又寫了一篇堪稱是我們時代生活頌歌的另類書序。這是我自信與自傲的異類之作，信不信由你！

我根本不想寫一本老套的人生回憶錄，更不想遵循任何既有的單一文類敘述方法。我像任性而自在自為的人生劇場表演者，藉著這本書作為陳述過去人生經驗的表演舞臺，來一次性展示個性鮮明的自我人生印象。

最重要的，我是自由人，而非置身歷史上任何奴隸時代的不自由社會中。

特別是，儘管我生長於戰爭結束後的和平年代，卻在威權專制統治與美蘇國際冷戰對抗下，經歷過人生的前半階段。在我的後半生中，居然有幸，也能親自經歷華人歷史上首次真正的政治解嚴，以及之後隨之而來的各種政治新變局或民眾言論自由化。我對社會的各種組織運動或相關爭辯思潮，都高度關切，甚至參與其中的個人涉入或大量的著述出版，因而也成為一位被他者論述的學術對象。

而本書既然想從當中容納各色各樣的文獻精華，或各種堪稱異類又特殊的人生觀察視野，自然導致我所重構出來的這本新書就不會是一本傳統的自傳自述，甚至也稱不上是有編年史意義的回憶錄寫法。

總之，它不是一本常見正規的個人傳記寫法。

不管它是怎樣一本不易歸類的新書，卻是為了讓我人生體驗的多種類別，在最低限度下，仍能使讀者清楚辨識。我將全書各章大致相近類別的內容，進行了一切必要的分章，並理順各篇長短不一的邏輯順序。

正如我過去已曾提及，自從我七歲那年，一位曾被我視為可以永遠仰賴的老人，在天邊彩虹的事件上，欺騙我或是故意愚弄我的那種強烈深惡痛絕，才頓然開啟了我的人生智慧心靈之眼。從此我不再輕信，任何我曾經最親近過的人。而此後的人生中，即使在最幽暗和最孤獨的處境，我也能堅毅和冷靜地獨自去面對。

事實上也可以說，從七歲的人生之眼開啟之後，我就不曾成長過。

如今我雖已七十五歲了，卻仍感覺到鄰居老人的老朽心態——也就是說，我還是能在回憶中清晰地記住，當時才七歲的我之好奇和充滿盼望的眼，以及當時所看到的那道亮麗的天邊彩虹和那張——雖是老人姿態，但卻是充滿欺騙表情的詭異之臉。

於是，我順著這樣的七歲眼光，一直持續不斷探索新奇未知世界，並清醒的不斷環顧，或在挫折與人生灰暗低潮中，依然堅毅強忍的，度過了迄今已消逝的七十五年之久的漫長歲月，並且在今年一月初，我自己還能親自重編早年曾自修和寫作過的各期作品。

此刻，我像是在看待一種自己生命的年輪一般回顧、呈現於本書各篇文字中的生命刻痕和當年心頭所感所思，而今又再次重構後，那一幕幕人生喜怒哀樂，或者有關七情六慾的複雜人生往事。

換言之，如今我雖已歷經了幾十年的光陰，往事仍歷歷如繪地猶存我腦——所有那些各類形形色色，都宛如在萬花筒內，不斷清晰呈現；或變換不已的五花八門生活世界；以及我個人所親歷過的各種社會交涉——昔日所聞所見所思過，種種無比鮮明印象。

我這本書中可以從任何一章，任何一篇開始閱讀，都可以了解我過去七十四年所艱辛經歷的歲月痕跡。其中縱使很多文章都已發表過，我也一一加以重編或修訂。因此所代表的意義，也出現新的不同。

不過，我依然在此預先提醒讀者你，若想一讀本書的相關內容，你先要有心理被震撼的預期準備。因為我在本書中各篇各章的相關內容，可以說完全赤裸裸，怎樣想就怎樣寫，沒有任何客套與語氣收斂。如果你因而不以為然，可以放下本書，不用浪費時間。

不用說，此刻我是以七十五歲時的晚年心境，來重新回溯自己的人生體驗。因此在態度上儘管極其慎重、極其誠懇，但仍有可能會出現記憶模糊，或事件內容張冠李戴的情況。我甚至不敢保證書中所述，是百分之百的原汁原味。

理由是，基於那些內在潛伏的強烈主觀意願，或那些存於內在已久的陰暗傷痕，長期日積月累的結果，勢必無可避免地會讓在我無意間將其重新建構，或在不自覺中，將昔日的人生歷程原貌有所扭曲。

因此，屆時若我有上述那些，由於個人的不慎疏忽，而竟然觸犯到你時，不管是嚴重的或輕微的，都在此處先請你多多包涵，並感激你所作出的——任何寬容或相關諒解。

作者謹識

二〇二一年元月十八日，竹北書房

第一部

生在大溪

孤獨感形成的真相

我出生在桃園市大溪區一心里（現改一德里）的三板橋水利工作站附近。當地是廖家村，鄰居都是姓廖的人家（即廖厝）。我家是向前屋主買來的廖姓祠堂左邊護龍的房舍，因前屋主在此製茶，所以屋舍隔間很空闊，能讓小孩任意活動。從屋前向西方遙望，夕陽和晚霞會在如長城般隔斷的大漢溪對岸，緩緩消失，此時若向祠堂後面的東方山嶺高處回首，清涼夜空中的新眉月色和點點星光，會讓人產生諸多感觸或遐想。

我的父母皆為世居大溪鎮月眉灣江氏大宗族的童養子女，因我祖父早逝，祖母年輕守寡，為了經營所繼承的本房龐大田產，分別收養兩位童男童女，長大再予婚配。我曾有一位從未認識的姑姑，但對於她的容貌和年齡，完全沒有印象。所領養的另一對童男童女，即我的大伯父和大伯母。大伯父老早死在菲律賓的某地，有關他的際遇，都是聽我母親說的；至於大伯母，我也是在多年後才認識她和領受其精明。她在落難後才帶著兩個男孫，來和我們同住。

大東亞戰爭爆發後，年輕力壯且精於劍道的父親並未被徵調到南洋或中國戰場當兵。因為動用關係，及父親平素和日本警方交往密切，便得以「隘勇」的身分，協助日本警方駐守在北部泰雅族重鎮的角板山附近。

父親本業是裁縫師，技藝高超，容貌俊帥，是大溪鎮上公認的美男子。因平素喜歡練劍道和各種運動，加上家境富有，所以三教九流的朋友皆有。在大溪鎮仍流傳著，父親在南雅廳警部的武德殿競技，連敗十八名高手的光輝紀錄。而唯一擊敗父親的許振來，是大溪最資深的刑警、蔣總統大溪賓館的長期管區員警，則是日後我的岳父。

雖然如此，父親的婚姻始終潛藏著不安和分裂的危機。可以說江家日後的悲劇，都和這一不幸的婚姻有關。父親和母親是在日治昭和十四年（一九三九）結婚。當時父親十八歲，母親十七歲。因昭和十二年（一九三七）的七月七日，在大陸有所謂「盧溝橋事變」，日軍進攻華北，激起中國全面抗日的決心，展開長期（前後八年）對日抗戰。中日全面戰爭的爆發也促使日本在臺灣加速同化政策，在島內展開所謂「皇民化運動」。

戰爭的危機感使得島內的民眾也跟著被迫動員。其中一部分臺籍壯丁被徵調至大陸戰場充當日軍的隨附軍伕，協助日軍作戰。為了逃離這種戰場勞役的徵調，父親要求和同為童養媳的母親結婚，然後設法到大溪附近的山區警部服務。不料這一要求，立刻被母親斷然拒絕了。母親拒絕的理由，是瞧不起父親的行徑，是個十足的浪蕩子弟，吃、喝、玩、樂，樣樣皆精。

另一方面，母親未到江家之前，是黃家的長女，精明能幹，八歲到江家後，立刻獲得養母的賞識和歡心。不久，即成了養母的得力幫手，舉凡內外一切家務和田產收租的繁瑣事務，皆能處理得井井有條，宛若《紅樓夢》裡的「鳳辣子」——王熙鳳一般。但也由於她大小權力一把抓，其他同被收養的二男一女，都對她有畏懼之感。這一由權力操控所形成的雙方緊張性，甚至導致日後彼此之間的情感疏離，不能合作無間。

先結婚的大伯父和大伯母，期待經由結婚成家，可以分得部分資產或擁有較大的家產支配權。後來發現，除非父親也能和母親結婚，否則所有大權不可能被釋放出來。父親也知道，除非有母親的精明和經濟方面的支援，否則他的活躍和光彩會迅速架空和黯然無光。可是，母親心儀從事運輸業的表兄，無意和父親結婚。

於是這件求婚與拒婚的風波，只有仰賴家族長輩的仲裁了。當時在月眉灣的江家，已是大溪僅次於李騰芳家族的大家族，土地廣大、物產豐饒，生活相當奢侈，據說由於經常宰殺雞鴨魚肉等，在江宅邊整條用來洗滌的溝水，整年都是帶著腥味和淡紅色。像這樣的地方望族，自然不允許子孫輩有公然反抗的行為。因此，養母只得敦請族中長老出面，要母親和父親一起到祠堂的大廳，跪在歷代江家祖先牌位前聽訓。家族長老首先指責拒婚的不當，因江家收養的目的就是要等長大成親，為江家繁衍後代子孫。如今撫養成人卻違背母命，是十足大不孝，要求母親在祖先面前親口答應婚事。於是在家族長老的嚴命下，母親噙著淚水，點頭答應和父親結婚。在此種強壓下才不自然結合的年輕夫婦，彼此之間潛伏著不確定的崩解地雷，不知何時會因被踩到而炸爛勉強美滿的被動婚姻。

由於要迅速擺脫拒婚風波所帶來的閒言閒語，母親除了交出家中經濟大權，也建議搬出月眉灣的江家，先到鎮上開一家裁縫店，儲蓄了一些資本，長子誕生後，父親又老毛病發作，經常不顧店裡的忙碌，還是如往昔一樣，到大溪街上找朋友們玩樂。畢竟店是靠老婆經營，在未脫離老婆的視線之前，他既勤勉又善良，加上好脾氣、好手藝，以及為人親切和慷慨，使他永遠不愁沒有朋友。這方面，老婆可能會羨慕他。

大東亞戰爭爆發後，一切都充滿了不安全感。他接受老婆的建議到山裡服務，以避免被徵調到大陸或南洋。他往日擅長的社交關係，此時頗發揮作用。於是一對年輕夫妻帶著剛滿週歲的長子，順利地來到角板山山區。這裡是淡水河上游，也是原住民泰雅族的居住地區，據說名作家鍾肇政所寫的《插天山之歌》，即以這一帶的風土民情為寫作素材。雖是遠離大溪街上的繁榮生活，卻可以從山川秀麗的景色，以及悠閒的山地生活取得補償。

更何況，雖說到山區要防泰雅族作亂，父親卻早已在原住民部落裡交到一大票喝酒的夥伴，甚至和原住民婦女也處得不亦樂乎！公私兩便，沒什麼可抱怨。老婆對他的作為在結婚後漸漸學會不過於計較，免得雙方老是勃谿、爭鬧。同時，趁著在山上開銷少，可以多積蓄，母親利用戰時的配給品，像菸、鹽、糖等，跟原住民交換土產，像雞、鴨、竹筍或獵物等，經加工，再和駐山警衛交換配給品。除此之外，她也縫製衣服，賣給原住民。她在這一期間，有相當可觀的利潤落入口袋，荷包大為充實。這也是戰爭結束後，父母親可以迅速回到鎮上購買大批田產的原因。

在戰爭結束前兩年，次男英俊誕生了。至於排行老三的我，是戰後第二年在大溪鎮東郊農家出生。父母也從在大東亞戰爭期間避居生活幾年的角板山區，遷回大溪近郊人稱「廖厝」的新購一處自宅。但在戰後第二年才出生的我，因父母經濟已變得相當不錯，有請鄰婦當我個人的專屬保母，好照顧年幼還不會自行站立與獨立行走的我。儘管如此，在戰後一回大溪，即開始忙碌於經營田產的父母，無形中也逐漸疏遠了對我的關懷。

這對我的幼稚心靈，造成極深的負面影響，使我日後一直存有漂泊的不安全感，孤獨的心頭陰影，強烈地籠罩著幼年時期的我。

貪玩的代價

一九四七年的二月二十八日，爆發了所謂「二二八事件」。在大溪地區，有相當多外省住民遭到攻擊和凌侮。隔月，白崇禧來臺安撫，事件平息。但隨之而來的清鄉運動，使不少滋事的本地青年被槍殺在大溪橋下的沙洲上。其中被挾怨報復者，也不能說沒有。對忙於經營田產耕種的父親來說，幸好未被牽連，總算逃過一劫。這其實是非常僥倖的。日後我無意中發現，家中實際藏著武器。而且父親的結拜兄弟甚多，其中也可能有實際參與過「二二八事件」。只是時過境遷，這一切也就化為過眼雲煙了。

此年照顧我的，是鄰居守寡的阿波嬸。她是一位貧窮的佃農之妻，已五十幾歲了，有一大群兒女，是廖厝中較清苦的。她的兒女已大，到處為人幫傭或佃耕，她則替江家照顧我。因家住隔壁（向父親夫婦租屋），所以我是在阿波嬸的背上，度過最初童年。

一九四八年，我漸會自行遊戲，穿開襠褲的我開始在家中庭院到處玩耍，一切都充滿了好奇。之前的屋主為了製茶需要，將屋宇建得很高大寬闊，一間接一間，彷彿走不完似的。屋內的天井中有一口淺水井，沒有裝井圈，一探手，即可接觸到井水。我的哥哥在井中放養了烏龜，頗引起我的興趣。

這年秋初，阿波嬸回家煮飯，放我一人在天井的空地上自行玩耍，我先好奇地走近井邊，對著井水照出自己在水中的臉影。正興奮的當兒，忽然看到烏龜浮出水面，彷彿在水底沉太久，需要透氣似的，同時四隻龜腳也輕划著井水，以防有緊急狀況時，可以迅速逃走。這樣一來，更挑起兒童的好奇心，就好像小貓在戲弄老鼠一樣，我不自禁地伸手要抓烏龜，烏龜則趕忙潛回水中。可能是清澈的水裡映著白雲藍天，使我忘記了井深一丈多，心一急，怕烏龜逃走，也跟著躍向龜潛水處，雖然烏龜是抓著了，人也噗通一聲掉在水裡。

正在水中驚慌掙扎的當下，我吃了好幾口井水。幸好母親回家來提茶水，正好聽到井中有掙扎聲，趕快衝到水井邊一看，馬上看到我掉在井裡，已快要下沉到井底，趕忙朝水中一撈，抓住小孩的衣服，提了上來，但她發現我當下雖然嚇得哭出聲，兩手還是牢牢抓住烏龜沒放掉。母親一面把烏龜搶過來丟掉，一面怒責在隔房煮飯的阿波嬸，告訴她由於她的疏忽，差一點讓小孩子淹死在井裡。阿波嬸只好惶恐地一再道歉。最後還是請人收驚，此事才告一段落。

按照當時的習俗，母親也替大哥義雄領養了一個童養媳，叫邱花子。花子的父親叫蔡林達，母親叫邱銀，從母姓，是靠替人打工為生的窮家子女。她在四九年九月二十日，從鄰近溪邊的樵寮埔被領養到江家，一方面準備日後和大哥義雄成親，一方面來接替阿波嬸，負責照顧我。到江家後，「花子」改稱「秋菊」。

這一年，也因國軍在大陸的戰爭中節節失敗，大批軍隊和難民，相繼撤退渡海來臺。為了穩定島上的政局和治安，臺灣省主席兼警備總司令陳誠在五月二十日下令實施戒嚴，並開始逮捕大批逃到臺灣的大陸籍而未報戶口的僧侶，以「無業遊民」的罪名加以審訊。才四歲的我絕未想到，再過四十四年後的自己居然會撰寫論文，揭發這一段僧侶受難的插曲。

事實上，這一年也是我的不幸年。

這一年秋末，由於秋菊貪玩，疏於照顧我，導致我被停放在稻田中的打穀機，將右手大拇指和食指幾乎完全彈裂和彈斷。當時，鄰居的小孩和秋菊帶著我到稻田裡玩，看到打穀機停放著，便模仿大人收割時的動作，先用腳踩踏板，驅動帶角齒的轉輪，然後將田中的稻草成束地放進打穀箱內讓帶齒的轉輪彈打，就好像農忙時，大人在彈打稻把上的穀粒一樣。

當較大的孩子玩得興高采烈的當兒，沒留意到較小的孩子也在旁跟著模仿，一樣拿著稻草把，悄然靠近，將手伸向快速轉動的打穀滾輪，結果當稻草把接觸轉輪時，輪上彈打稻草所產生的強大內拉力，將我拿著草把的右手往箱內帶，就在那一瞬間，右拇指和食指分別被打得肉綻骨碎，鮮血直流，痛得我哀號大叫不已。

其他小孩看見這種情形，趕快將我背起來離開現場，也嚇得大聲喊叫，大人聽見了，紛紛從家裡衝出來，奔向小孩的叫聲處，才發現我的右手指部分血肉模糊，傷勢嚴重，必得趕快處理。經送往街上的醫院處理後，將裂開的大拇指縫合，碎了中節指骨的食指先挑去碎骨，然後指尖的一節縫到手指根上。也由於這個緣故，我的食指只有常人的一半長度，而且因缺乏關節，右手第二指指尖的一節從此未隨年齡發育，仍保留著四歲時的小孩手指；而手指和手掌相連的部分，則粗壯和常人無異。大拇指縫合的裂痕，長大後依然清晰可見。以後雖然痛苦消失了，但拿筆寫字時，必須倚賴中指和大拇指，所以用力很大，常有將筆尖折斷或折彎的情形。用右手三指行童子軍禮時，也會被不知情的教官懷疑為什麼少了一根指頭？惹得同班同學笑話不已。

不過，除此之外，也沒有什麼不便之處。長大一樣當兵，一樣可以用中指開槍。說起來，還是不幸中的大幸呢。

生命、韓戰之體悟與啟蒙

我虛歲四歲這年春天，大溪鎮上按往年習俗，在農曆二月十一日宰殺「豬公」，祭拜大廟的開漳聖王陳元光，以恭祝他的誕辰。

大溪早期的居民，以來自漳州的開墾移民最多，所以在大溪鎮上就有開漳聖王廟的建立，以示不忘家鄉本源。以後居家漸多，便在神前議定以按姓輪值的方式，每年在神誕日舉行獻祭神豬大典。大溪鎮的姓氏輪值順序是每姓十年一輪，依序是：（一）李；（二）江；（三）林；（四）簡；（五）張、廖；（六）黃；（七）呂；（八）王、遊；（九）林；（十）雜姓。這大體也反映出早期鎮民各姓宗族的人口結構。

對我來講，記憶中這年是生平首次見到大人在井邊宰殺「豬公」的全部過程。平素被飼主愛護備至的數百斤大豬，如今為了取悅地方守護神的緣故，被毫無憐惜地宰殺了，鮮紅的血水、剃毛剝腹後的內臟雜陳和櫛比的排骨，令我有一種莫名的恐懼感，那是全然陌生、令人好奇，卻又隱含使人背脊發冷的新鮮經驗。

當然，節慶的歡樂氣氛，以及「豬公肉」的美味——當年物資匱乏，有豬肉吃，是難得且令人珍惜的享受，使得心裡的恐懼聯想沖淡不少。但是，豬被宰殺的無助哀號，卻始終烙印在我的心上。幾年後（八歲那年）我因左牙床發炎長膿，必須被捆綁手腳地躺在手術檯上等候開刀時，這種擔心被人宰割的恐懼感，更曾一度令我驚慌、心碎和哀號過。

死亡的問題自此是個困擾我幾達四分之一世紀的可怕噩夢，同時也構成了我日後出入各種宗教，以尋求心靈安寧的遠因之一。

「韓戰」是臺灣國府的稱呼，「朝鮮戰爭」則是大陸中共方面的稱呼，而這是一九五〇到一九五三年東北亞影響最大的區域戰爭。

一九五〇年的六月二十五日韓戰爆發，北韓攻入南韓。七月初，美國的麥克阿瑟將軍被任命為聯軍統帥。九月底，聯軍登陸南韓收復漢城。十月中旬，聯軍的部隊抵達北韓平壤。同月下旬，百萬中共自願軍赴韓參戰。十一月二十五日，聯軍被逐回到北緯三十八度線，雙方形成僵持的局面——

當時，臺灣其實已被美國拋棄，中共大軍已準備渡海奪下臺灣，卻因沒有預期到的突然「韓戰爆發」，中共被迫派志願軍參戰，進行「抗美援朝」戰爭，美國杜魯門總統立刻下令派第七艦隊協防臺灣，不然臺灣早已被中共大軍渡海統一。以後就是進入長期「冷戰對抗」的世局，臺灣則一直仰賴美國護持，才能維持住偏安與繁榮的生活。

對我來說，因韓戰激起的好奇心，其實是被才剛上小學就讀的二哥英俊和鄰居一群年長的小孩所感染，因為他們從學校放學回來，不斷談論著聯軍作戰的事情。那種興奮中帶著權威的談論表情，使得機伶的我纏人似的老是跟在旁邊傾聽，宛如在分享什麼有趣的新聞一般。我實在不曉得什麼是韓戰？誰是聯軍？但是我的二哥一再提到八國聯軍打中國，中國以一對八，真是厲害！這可以說也構成了我人生中的第一堂歷史課程。日後我在學校中的歷史科，始終是最優秀的，在小學時期即成為全校公認的「天才」，大約是幼年的歷史好奇心不斷地鼓舞著，我才能有日後傑出的表現罷！

對鄰廖姓人家有兒女在臺北市經營照相館及在東門市場賣菜，過年過節回鄉時，總是穿著華麗，提著大小包的糕餅禮物等，帶著一群同樣穿著漂亮的「臺北小孩」，坐汽車回家。這對貧窮的鄉下，是令人羨慕，也是轟動遠近的榮耀之事。都會小孩回鄉後的驕傲、仗勢欺人，以及占盡一切光彩的作為，令我深深不以為然，往往會藉故和他們對抗。我的身體還是很清瘦，所謂「鐵骨生」，就是不願服輸。在小孩群中，我很快被孤立，成了非主流派的獨行俠。我有被遺棄的感覺。

父親平素雖不關心小孩，卻能適時的安慰，使我頗有溫暖之感。例如告訴我「介山」（我的小名）是偉人的稱呼。這是很奇妙的父子感情。浪蕩子的父親經常讓家裡苦惱和困擾，卻對排行第三的瘦小男孩，有一種旁人所沒有的讚賞和信賴。因此，我常替父親到三板橋的小雜貨店買酒，而父親也不計較我趁便私買花生米的不良行為。我每天被母親痛揍，也幾乎成了家常便飯。父母對我好像兩個極端。長期處在這樣夾縫中，我自然比同齡的小孩更早熟、更機伶，也更獨立。

每天，屋前面對的落日處，就是大溪對岸的崎頂；更遠處則是八德、桃園和中壢。此時這些地方，都只聽說，從未去過。常幻想，有一天，我能逃離這個家，去到落日邊的遠方陌生世界，則成了當時幼小心靈的祕密夢想。

七歲秋寒覺醒

七歲時，我第一次與鄰居女童在大水缸中，無助與羞澀地相互裸體對看著。鄰居黃姓一位臺北工專五年制的大男生，與一群比我年紀大好幾歲的男生們，強逼我與那位女孩脫光衣服，坐在無水的大陶缸內，互相裸裎相對。我不知這樣的目的何在？可是，我與那位同樣無助的女童，像被關在木籠中戲弄的寵物鼠，被人任意瀏覽一樣。女孩姓廖，我不知她中文名字，當時都是日語發音，之後，遠處有大人出現，水缸外的眾人都一哄而散。我與那女孩才在秋天寒風中，互相幫忙，勉強爬出水缸，找到各自的衣褲穿上，默默各自驚惶的跑回家。女孩後來搬去臺北，我們從此未再互相見面過。

這個人生噩夢，幾十年都在腦中揮之不去。

如今，我猛然回想起來，我生命中的真正意識覺醒，其實是開始於一次秋夏之際的微雨後黃昏，當時遠處天邊猶有一道亮麗的彩虹，像巨大圓弧般的高掛在遠處山峰之頂的晴空。

可是，我為何會對天邊山嶺上美麗彩虹的幻想破滅呢？

彩虹雖然美麗，但它那無比巨大的半圓形，除了將東邊山嶺上的天空，裝扮得像戴上七彩的光環一樣之外，左右兩邊和地面相接的部分，在我看來，充滿神祕和不可解。因為我從來沒有去過那個地方，也對那個地方毫無所悉。一位我最信賴的鄰居老人在某天的快傍晚時分，指著遠方山嶺上空的美麗彩虹說：你知道嗎？彩虹的內部充滿大量銀圓，只要你能跑到彩虹與地面相接之處，用一枝拐杖猛敲它，那時，裡面的所有銀元，都會全部不斷地滾出來，讓你撿都撿不完呢。

我說，真的？他說，當然！我騙你幹什麼？

我完全深信不疑，立刻下定決心，要趁夕陽西落，天邊彩虹消失之前，趕快跑到彩虹左右任何一邊與地面接觸的地方，並用竹杖開始猛敲它，才好及時撿到大量從彩虹內部不斷滾出來的光閃閃銀圓。

可是，當我一路往山邊與彩虹相接之處，幾乎是捨命似的急忙奔跑時，有位在路旁墳墓旁牧牛的鄰居小孩很好奇的向我招手，問我如此匆忙，所為何來？我頓時停下腳步，一邊喘氣，一邊把事情的原由，坦白告訴他。我沒料到，他一聽完後，不斷狂笑到不自禁地彎下腰，還一面用手指對我直指，然後，幾乎笑到喘不過氣來的對我說：你！你！你！哈哈哈……。

我看到這樣，霍然清醒過來，知道我是上當受騙了！但這老人曾是我最信賴的人生啟蒙老師呢。

我此後的半生中，對於任何老人，都是充滿質疑和毫無敬意。我之後的人生第一步，就是要反抗老人的權威，因為我曾被當傻子一樣的欺騙過。也可以說，自從七歲那年我的彩虹發財夢幻滅之後，我對世界的好奇雖然依舊強烈，卻不再輕信道聽塗說的無稽之談。

被自己視為永遠仰賴的老人欺騙，深惡痛絕，頓然開啟了我的智慧心靈之眼，我開始不再輕信任何最親近的人。事實上也可以說，我七歲的人生之眼開啟後，就不曾成長過。因而此後的人生中，即使在最幽暗和最孤獨的處境，我也能堅毅和冷靜地獨自去面對。

兄長們

七歲是小學一年級的年齡，鄰居同年齡玩伴都紛紛入學了，但因我是十一月三日生，未足歲，不能入學，還要等一年才行。

在家中，讀六年級的大哥義雄和讀三年級的二哥英俊，在功課上成了兩個極端。大哥成績優秀，二哥則成績不佳，大多數的科目都在五十分以下。成績不佳的二哥，雖然容貌俊秀如其名，做玩具的手藝也極為靈巧，卻因不會考試，經常挨父親的棍棒。大哥雖然會讀書，又因要幫忙農事，大概沒有考初中的可能。父親要大哥、二哥們背誦課文，如有遺漏和錯誤，即毫不客氣地用指尖撕擰他們的眼皮，痛得他們哇哇大叫！

這些對我都不是問題。我雖還未上學，卻記憶力驚人，幾乎一聽就記住了。再久的事，只要一提起，我便能歷歷如繪的複誦出來。所以我常嘲笑二哥的不及格分數，也不擔心父親要考背課文。我此一態度使得二哥相當反感，認為沒真正親自讀書和考試以前，一切都是空談。事實上，二哥如此說，當然有他的理由。因若要做風箏、刻陀螺，我一點也不夠看。他其他手藝也令大人都自愧不如，甚至日後他改行學修汽車，或駕駛大砂石卡車，也絕頂出色。可見兄弟之間既然各人的性向不同，表現各異，拿來相比很不妥。最好一開始就不要比，免傷和氣。

前文提過，我大哥有一個童養媳，其實並不美，做家事也不能幹，她主要任務是照顧幼小的我，但也照顧得很糟糕，我身體上很多幼年傷痕，都與她有關。我大哥很聰明、俊帥、能幹、勤勞，也很喜歡秋菊，可是秋菊一點都不喜歡大哥。

我記得，有一次大哥似乎只是在廚房，想開秋菊一個親暱的小玩笑，馬上被帶著怒意的秋菊，隨手拿起廚房的水瓢，猛力一揮，正好擊中大哥的額頭處。我剛好在現場附近，親睹這一幕少見的廚房意外事件，令我嚇得震驚不已。又赫然發現大哥的額頭不但被水瓢擊得腫起來，額頭還破皮流血不止。

我當下的反應是認為大哥應該會因而惱羞成怒，並狠狠地出拳反擊秋菊！或者會還手痛打她一頓！卻只看到大哥自己默默轉身，到房間內的櫥櫃上拿紅藥水與紗布，為自己的額頭止血而已。我忍不住走上前去追問大哥：為何不發脾氣？或者痛打秋菊一頓？不料，大哥居然回答是他自己的錯，這事不能責怪秋菊。此一回答令我大吃一驚。這是正常的人性反應嗎？後來秋菊長大，也要求出嫁，沒有與大哥結婚。

雙面的小學風景

我是一九五三年進大溪國民小學。據說我這一屆是戰後國小學生開始學習國語注音符號的新生。我是母親帶我入學。鄰居的小孩廖本洋、廖學文、廖秀鸞、廖秀春，也在不同班級入學。我是最後一班，一年戊班，也是第一次認識了「戊」這個字。記得第一天，班上有一位坐在中間排最前面的同學涂銘成非常霸道，老是霸住教室桌子與桌子中間的走道，不許其他同學經過。我看在眼裡，頓時非常反感，可是也無可奈何。

我個子高，被排在後排的坐位，同桌鄰座是一位清瘦小女生，名字是林美雲。她家就在桃園中壢過大溪鐵吊橋對面、粟子園的山腳處那條整潔的登山石板步道附近，大溪民眾會到此步行、前往員樹林著名的齋明寺。我與林美雲好像一共同桌並坐了兩年，但沒有太多個人交情。因為我的服裝老是不整潔，打赤腳，用布巾包書，全身髒兮兮。又因名字筆畫太多，連名字都寫得歪歪扭扭，非常難看。很顯然，我不可能有女同學會喜歡。

況且不久，我又出現新的煩惱。那就是徐春子老師一直懷疑我每次月考作弊。她根據我不寫作業，和全身經常髒兮兮作為判斷，主觀的認為，像這樣的小孩，怎麼可能考出好成績，一定是靠作弊的！因為這，她一度藉故趕我回家，不讓我繼續留在班上。我怕回家會被痛打，只好以大哭來抗議和爭取旁人的同情。最後是靠老校工說情，才沒被趕回家。

徐老師（大溪同鄉陳來紅，二〇二〇年七月二十六日補充說：徐春子也是我的老師，後來在全家遊鯉魚潭時翻船，七人淹死，她也在其中）是我一、二年級的級任導師，她一直沒發現我驚人的記憶力和敏銳過人的反應能力。其實我根本用不到一半的注意力，就在測驗方面勝過班上其他同學。在小學時能欣賞我並知道我潛力驚人的，是國小三年級的李秋菊老師。但，那已是隔年的事了。總之，最初約兩年，是我在小學階段的黑暗期。因此課外打架便成了我發洩心中不滿的表達方式。當然，來自學校老師和父母的處罰，也就更頻繁了，但我無怨無悔。

還有一件關於錢的處罰，讓我深深不以為然。起因是我和鄰居阿友兄去大路尾的稻田放牛。在收割後的稻草堆中，我無意中拾到新臺幣拾元，便告訴阿友兄。阿友兄長我十歲，已是大人，見聞廣博，故他主張撿到錢，見者有分，要五五對分時，我並不反對。可是一張拾元又該怎麼分呢？恰好有賣冰棒的小販走過，我就買了兩支冰棒，一支請阿友兄，一支自己吃，順便也將錢找開，分五元給阿友兄。雖然實際只剩四塊多，卻覺得自己是前所未有的富有，心裡很充實。

回到家，我將錢交給母親後，卻被痛打了一頓。挨打的原因並非亂花錢或沒有「拾金不昧」，而是認為沒有理由分五塊錢給對方，還請對方吃冰棒，簡直太笨了，所以才打我。我從不認為這種處罰是對的。我認為，要嘛，就標準的「拾金不昧」；不然，就見者有分又何妨？人生是需要友情的，在有些時候，不必斤斤計較。

所以，我深深不以受處分為然。

我在三年級時，學業成績開始有了很大的進步。可是縱然如此，我從小，甚至直到三十六歲時，都從未作夢過，自己有一天會真的進入臺大讀歷史研究所。更不要說，我居然能夠以撰寫臺灣近代佛教史的六十幾萬字大畢業論文，而獲得臺大歷史所博士班的優秀文學博士。我的求學之路艱辛無比，從初一就長期輟學，初二之後的初高中全部學業，是在日後我上班工作之餘，靠著長期自修苦學而逐漸完成。我曾先後通初高中同等學力的考試，取得兩張及格證書。除了我在臺灣師範大學夜間部歷史系畢業的正式學歷，以及之後在臺灣大學歷史研究所讀碩士班與博士班之外，我唯一曾讀畢業的學校，就是桃園縣大溪國民小學。

當年大溪國小的教學環境，的確是我日後萌生研究歷史專業的最初啟蒙處，但如今我已忘記是在哪間教室，只清楚地記著那間教室的後牆上，高掛著一長幅的中國歷代彩色年表，從我第一眼看見它，就被完全吸引。所以我立刻將其背熟下來，並牢牢記住，之後它便伴隨我過了大半生。

三年級那時，我已能靠勤查字典和再三苦讀，終於看完從鄰人借來的已老舊、微破的五分冊版《三國演義》的全部內容。之後，幾乎在一夕間，我發現自己居然成了村裡唯一讀過全本《三國演義》內容的新一代權威。為何會有這樣戲劇性的大躍進情況出現呢？這又要追溯我從二年級升上三年級的這一學習環境的大轉變開始談起。

暑假後升三年級，班上導師換成李秋菊老師。她是一個個子雖小，教學卻很認真的好老師。我的數學才華在李老師的調教下也漸漸顯露。更重要的是她能體諒我的個人狀況。她住在三角公園邊的一家雜貨店，認識我的父母，可能因為這樣，她對家庭已開始亂糟糟的我，多了一份同情和諒解吧！

不論如何，對我來說，有很多大人的事不是我能掌握的。例如父親常在外頭喝醉酒，被人抬回來，母親對著酒醉的父親痛罵等。尤其是每學期遲繳學費的事，過去常被責罵，雖感難過，可是家裡一直沒給錢，我也無可奈何。換李老師後，雖然還是會被催繳，但她態度溫柔可親多了。因此我的內心有無限的感激。

我這一年秋末還碰到一件不幸的事。即天氣冷將手插在口褲袋裡走路，不小心被曬穀場上的畚箕絆倒了，左手臂跌到脫臼。本來手臂脫臼，有經驗的醫生可以很快的接回，卻因只找了鄉下的接骨師潦草處理，結果手臂沒全接回去。整條手臂雖仍可伸直彎曲，但白骨向旁凸出一塊，既不美觀，也容易痠痛，真是後患無窮（現在穿短袖時，即可清楚地看出凸出來的部分）。

我每天上下學都會經過一間天主教堂，常看到鄰居到教堂去領麵粉、牛油和玉米粉，所以我和同學也進去幾次，聽聖歌唱：「耶穌、聖母、瑪利亞！」我終究沒有受洗變成真正的教徒。因為在我看來，還是拜觀音比較心安。更何況，每天早晚負責為大廳的神明上香，多年來已經習慣，短時間內，不可能說改就能改。

我還記得第二年的春季似乎比往年寒冷，因為父親開始出售自有的農地。這些農地從家門前向西延伸，直達大溪河岸高地，是距離近、水源足、土地肥沃的良田。同時，在自有的稻田中，還開闢兩個靠公路邊的大池塘，池塘中養有草魚和鰱魚。每逢過年前，排乾池水捕魚，在泥濘中捕捉魚兒的無窮樂趣，似乎也將成為過去。

除此之外，父親花錢和酗酒更勝往昔，母親為了阻止父親的這種行為，彼此爭吵得更加厲害。面對大家激烈爭吵，家中的小孩都各自設法閃躲，以免被遷怒而挨到竹條的多次痛打。家中既沒有溫暖，所以往鄰居家串門子，便成了排解心頭苦悶的良方。

我雖然常到別人家裡，和對方搞得很熟，但是也得勤快些，做些幫助照顧小孩、撿劈好的木柴、澆菜園裡的蔬菜等事，否則人家吃糖果時，是不會分給你的。或著勉強分給你一點，那種浮在臉上的不情願表情，也像一陣寒風吹入內心深處，令你食不知味。

幸好鄰家廖玉樹老夫婦對我很友善，加上和廖老伯的孫兒年齡相近，因此出入廖老伯家，宛如在自己家裡一樣。廖老伯是村中老一輩中的飽學之士，床頭有六冊本的線裝《三國演義》。我常從長輩口中聽到桃園三結義的故事，所以決定要把書從頭到尾看一遍。雖然書中有很多詩詞和典故，不容易理解，但勉強讀下去並勤查字典後，書中故事的內容十之七、八皆可理解。由於此時正是我記憶力最佳時期，加上親自閱讀書中的故事，因此立刻一躍成為村中的《三國演義》專家。

過去村裡的長輩靠聽廣播或看歌仔戲，才能知道《三國演義》的部分內容，像「孔明借東風」、「關雲長過五關斬六將」等，其他細節則不甚了了。如今在我面前，他們的權威都崩潰了，再也不是我的對手。對初嘗知識權威滋味的我來說，一方面不禁有得意之感，一方面則不怕再被刁難，像從前那樣，要聽故事就得先替對手抓腳癢——廖大吉老叔公最喜歡如此命令小孩——換句話說，我已自由了。也因此，我成了阿吉老叔公的眼中釘，常在背後批評我。在當年，村中的老人對我的態度，是分友善和敵對的兩派！

但不論如何，在知識的成長上，這是一大步的邁進，同時也促成日後喜讀課外書籍的習慣。可以說，對我日後賴以成名的自學經驗，有著極重要的啟發作用。因為當我親眼看到昔日不可一世的鄰居權威，在我對《三國演義》的全部細節皆能博聞強記，和能適時引書為據，質疑他「所言與書不合」的尖銳衝擊下脆弱地整個崩潰，我同時也意識到自己不再是過去那個經常被歧視和毫無自尊的奴性無知幼童。

自從有了這種自覺後，我便開始養成自動早起朗讀課文的習慣，記憶力也跟著日日規律的磨練迅速增強。於是在同年級中，所謂課業優異的「天才」讚譽之聲，不久對我就成為理所當然。

當然，此事出現了一些後遺症，似乎無可避免。我開始遭到村中某些老人的抵制，有些平素一起遊玩的夥伴因貪圖對方的糖果，不再和我往來。我因無法買糖果請夥伴，自然氣勢上弱了不少。我便設法使自己成為村裡，首屈一指的爬樹高手。為什麼要精於爬樹技巧呢？其實是便於採樹上的野果（包括鄰居種的水果），像茄苳、青橄欖、牛屎芋等，可以大把地採下來，用鹽醃漬後，分給大家食用，否則誰願和你玩呢？

五年級後，我堪稱獨霸全校同年級，少有匹敵者。除了一年導師一開始認為我可能是考試作弊才得高分，因此第二次月考乾脆站在我的課桌旁，看著我寫考試卷答案後，就無人會懷疑我考試需要作弊。

小學六年中，我唯一成績作弊，是三年級時在家練習毛筆字。我不會使用毛筆，便與二哥商量，我替他放牛與鋤牛糞，他幫我寫毛筆字作業。二哥手巧，又會把字帖放在紙張底下照著描，字看起來有模有樣。我交出習字作業後，第一次得三個紅圈圈的特棒成績，自以為很得意。誰知，下週就是隨堂習字練習，我當然如法炮製一番，可是老師眼尖，老早識破此一機關，當場叫我去前面，毫不客氣地用力抽打屁股十幾下，害我屁股腫又痛，椅子都無法坐。之後，我乾脆都以挨打屁股，換得不交習字作業之無比快樂。我是全班字最醜的，可是考試成績卻是最好的，這兩樣，我都是非常出名。

鮎呆生涯

北臺灣鄉間有一種特殊的魚，俗稱「鮎呆」，或稱鱧魚，或稱七星魚。而我是文學史上第一位以這種魚為文學主題，發表長篇散文的一位，也是我第一次在大報《聯合副刊》上發表。一九七二年三月二十日，〈鮎呆生涯〉。

鮎呆是一種令人喜歡的魚，如果你能知道牠是什麼樣子的話。我從小就與鮎呆結下不解之緣。童年那一段鄉居的生活，愈發顯得逸趣盎然。牠給我留下了一片黃金般燦爛的幼年回憶。並且不單是我，大多數生長在大嵙崁東南邊山麓的小孩們，誰不在長大遠離家鄉後，還深刻而眷戀的憶起，童年時在鄉村生活中，最有趣的「鮎呆生涯」？

鮎呆這種魚喜歡生活在稻田裡、池塘裡，或大水溝中。頭硬如石，嘴巴寬闊，圓而修長的身材有花斑，一扇透明的大尾巴，頂端還生了個鮮明的印圈。牠的性格勇敢、活潑，特別愛吃跳動的東西。

有時，我漫步在屋後的田野裡，想享受一下鄉村特有的寧靜，以消除滿腹的悶氣時，突然一陣嘩啦嘩啦的濺水聲，從稻田的那一頭水溝急速的傳過來，好像黃澄澄的稻穗隨風起伏，形成一波一波的稻浪一樣，不久來到我眼前。我仔細一看，既不是鴨群，也不是田鼠，而是鮎呆和水蛇互相糾纏、追逐、激戰。這時牠的攻擊精神真令人激賞，我看牠閃擊靈活，或跳躍，或衝擊，彷彿是一位身經百戰的壯士，技藝純熟而精良，一塊稻田追過一塊稻田，從泥濘中戰到田壠上，直到兩敗俱傷始罷。

這種魚還有個怪脾氣，牠雖然把那些倒楣的小泥鰍、小青蛙、小肚娘，甚至小鮎呆都吞噬果腹，可是牠往往和頭上長著一對利刺的土沙魚結鄰同居，共處洞中，不但毫無爭端，還其樂融融，儼然以「護民官」自居，抗拒狡詐的水蛇侵襲。

幾天溫潤的春雨茫茫飄落著，帶給新綠的秧稻一陣溶溶春水後，耀眼的陽光又在天邊乍現。雖然天空還是白雲籠蓋，但藍天中仍然流照著歡燦的明光，幻出更為綺麗幽然的雲影，這無疑是一個可愛的最適合釣鮎呆的天氣。我禁不住偷溜出去，找阿洋他們，結伴到屋後的稻田水溝裡，歡欣雀躍的展開我們的「鮎呆生涯」。

我們的行當很簡單很輕便，戴頂斗笠遮蔽太陽光；一根短短的釣竿，纏上細痲線，綁個大鉛錘、大彎鉤；到菜園裡挖些蚯蚓，用樹葉包好，捏在手心；至於釣上來的鮎呆呢？撕片長茅的莖葉穿過魚鰓，一條一條的貫串起來，既方便又省事。這樣，我們就開始一天的行程。

我們不喜歡到大池塘去。像大人那樣枯坐整天動也不動，這種樂趣我們是既不需要，也不耐煩。釣魚原是一種戶外生活的藝術，最高境界在於活潑、自然，能深深沉醉在姿態優美的揮竿勤作中，而不是死板板的坐守釣竿，呆呆的凝視流水在動盪泛漾。

釣鮎呆的好處是，可以一面沿途飽覽清麗的田野風光，還可以充分領略那種靈活的揮竿滋味，和閃電般得魚時的狂喜。最對我們少年郎的胃口，令我們雀躍欣喜了。我們經常在晨曦初喚，曉霧未散，慵懶的大地仍沉睡在清新的寧靜裡，就從屋後的圳溝路取道出發。這時除了在圳溝內洗滌衣裳的鄰家婦女，晨起在池塘邊飲水的耕牛，和在竹叢裡跳叫的麻雀外，就數我們一夥兒最早啦。

我們往往走遍水源頭稻田的每一條田埂小徑，凡是藏有鮎呆的可疑石洞都不輕易放過，最起碼也要用腳頓地嚇嚇牠。有時，我們迴路到被翠籬竹掩蓋的下厝邊大水溝，那裡陰涼又清靜，因此鮎呆繁殖得特別多，可以心滿意足的釣個痛快；有時則南行到稻田整齊、溝洞很多的內柵路，和滿池水蓮花叢生的新埤塘。

這裡水源豐盛，所以鮎呆都是陳年的，特別肥壯，但由於溝洞都被藤蔓草掩，很難垂釣。所有這些地方的哪條水溝，哪塊稻田，哪個石洞，乃至藏有怎樣大小的鮎呆，我們十分了然於胸。在這些熟悉而美麗的地方漫遊，心裡感到很親切、很高興，我們恣意歡暢，為所欲為，可以釣，可以不釣，沒一絲兒牽掛。

當然啦，釣小鮎呆是頂容易的，覷著牠在洞口遊戲，馬上落釣……餌纔沾水，牠就飛也似的竄游過來，銜了就走，我們隨時像擊高爾夫球似的，往上一揮，準定「劈哩啪啦」的釣到一條。但鮎呆稍微大些就相當機警，如果讓牠聽到腳步聲，或在牠剛出洞時發現上面有人蹤，那牠就說時遲，那時快倏地溜退進洞，只攪渾一淌泥水，卻不上當吃餌。這時聽任牠在洞裡驕傲的「咕嚕、咕嚕」作響好了，我們先往別處去，靜默一陣子後，牠又露頭出洞來了。

這回，我們注意別發聲響而驚嚇了牠，那麼小心地把釣餌垂落下去，在牠的旁邊滴嘟、滴嘟宛如青蛙在跳躍，只見牠這時偷偷覷準了餌，沉思一會兒……猛地張口咬進嘴裡，再靜待一刻兒，好，沒動靜？好像劫匪得手後，害怕刑警在半路攔截一般，不顧身形暴露的逃竄，一溜煙地捨命銜入洞中。

這當兒，我們也應時發難，很快的朝外一個頓扯！這一頓扯的力道，兼具探測是否中鉤，和避免進洞過深，拉出時有困難的作用。要等確定中鉤，然後作半圓弧拋物線使勁的揮上來，那麼我們便釣到一條在陽光中黃鱗耀芒，劇烈蹦跳掙扎的鮎呆了。但先別高興，要是勁道不適合，很可能魚要被揮到半空中，而掉落在稻田中央的泥濘裡，只剩一場空歡喜。

鮎呆隔年後就變成老鮎呆了，大概是當祖父了吧！顯得那麼沉穩、神祕、精靈，身上原來的黃褐色花斑褪了，換上蒼綠色的斑紋，在滿叢墨綠色苔蘚的洞邊優游從容，宛如是涵養高深，道貌岸然的學者。這時，釣的人就需要豐富的經驗，靈活的動作和熟練的技巧了。

老鮎呆通常喜歡那些較偏僻、水源豐沛不竭、石洞深邃彎曲的地方，我們往往看地勢如何，就可以判斷目標的大小，但時間的選擇卻是最重要的，時機不成熟，仍是白費心血徒勞無功，釣不到什麼，彷彿那兒根本沒有祕藏過鮎呆形蹤似的。

最佳的時間是在寧靜的早晨，當太陽已高懸在明潔的天空，而林野仍閃爍著朝露時，或午後，當晴天麗日的高溫稍降，而涼爽的樹蔭把洞口遮蔽時，或在落日餘暉裡，晚風徐徐，農人已罷耕要荷鋤牽牛回家時。

這些時間都是自然變化，陰陽更替的時分，萬物都受影響，在心靈深處充滿著無形的騷動，或歡欣、或沉鬱、或悲戚，不及平時的靜定，是我們垂餌落釣的最好時機。這時候，我們大可輕靈的潛襲到目標附近，偷偷從雜草縫看去，只見牠正意態從容，或戲水，或攫食，自得其樂。

於是藉著風吹草動的自然聲響作掩護，把麻線上綁好的釣餌緩緩垂落……恰恰離牠旁邊或洞口不遠不近的地方，剛好能讓牠自然去發現。接著，將釣竿一提一放，使釣餌好像泥鰍在戲水，那麼牠會感興趣很快的游過來，「喀！」一聲沉響，宛如我們掩上木盒蓋一樣的輕脆聲……猛地牠把餌含在嘴邊，沉穩地撤退到洞裡，彷彿中了鉤一般。

咳，別篤定，誰要用力一拉，準發現鉤上空空如也，要氣得直跳腳。因為「薑是老的辣」，牠的「經驗」太豐富了，不輕率把釣餌吞進腹裡，只是含在唇邊，等我們一拉，牠馬上張口鬆開，脫掉麻煩。我們要打定主意，儘量讓牠往裡拖，但要微微將竿撐住，使牠更緊張、更急迫的向深處逃，這樣一來，牠才會把餌慌忙的吞嚥到肚裡。有相當限度啦，我們才開始綳緊麻線，也沉穩地往外拖。

這是最令我們高興的時候了，只聽牠在洞裡翻天覆地的掙扎聲，有如悶雷轟隆、轟隆，泥濘水不斷的往外迸濺，隨我們的意志一步一步被拖出來。被提吊到上面的鮎呆最好馬上拿斗笠蓋住，然後雙手趁牠在線上蹦跳時立刻捉緊牠，才不致再被逃落又躍跳到稻田裡。當然啦，到手後又溜掉的機會很多，但很少人會不服氣捲起褲腳去抓回來。

經驗告訴我們，與其在泥濘水渾濁的稻田裡，拆垮人家的石坡，把手伸到黑漆漆的洞內；或抓不到什麼；或錯撈一條咬人的水蛇；或當我們把屁股翹得老高，正低頭摸得起勁，背後突然火辣辣的竹鞭沒頭沒腦抽下來，害得大家要逃無路，搞得一身泥濘，回家又要挨揍……那麼不如等下次重新再來吧！

啊，當我們雙手捉緊一條猛力甩擺尾巴，鰭上怒張一道劍鰭的大鮎呆時，心中的狂喜興奮，真非筆墨所能形容。也不想繼續再釣下去了，就這樣緊緊捏著，快快樂樂地跑回來。而在半路上，誰看見了，都要睜大了眼睛，「噯！」的驚嘆一聲，搖搖頭注視著，那在揚起的灰塵裡越跑越遠的身影……。

不過，大鮎呆的數目總是有限。人人釣，天天釣，剩下來的大部分都是小鮎呆群。但也較容易有收穫。大概幾條圳路巡迴下來，大家手裡都有一小串鮎呆。太陽天裡，釣起的鮎呆容易乾死，所以必須沿途不斷的浸浸水，泡在清澈涼爽的溝水裡。

這一串串鮎呆活潑潑的跳動著，濺起的水花照耀在燦爛的陽光裡，亮晶晶的像珍珠非常可愛。天氣太熱的時候，我們就把釣具和魚放在池塘邊或水溝裡，一個個光著屁股溜到水裡去摸魚，等大家玩個痛快後，再穿回褲子繼續「行程」。

有時運道不好，我們的收穫不佳，就把主意打到鄰家的魚池裡，像吳郭魚啦，鯉魚啦……都是貪吃的傢伙，一如餓鬼似的鮎呆，幾乎一垂釣就有魚上鉤。這時候大家都是懷著七上八下、半喜半憂的心情。因為說不定池塘主人會鬼魅似的拿著竹鞭在身後出現，災禍從天而降，於是大家哇哇哀叫，捨命奪路四散奔逃，鮎呆也罷，釣具也罷，統統不要了。然後，就像戰火餘生的殘兵一般，在附近的樹林裡，一張一張苦笑參半的小臉孔出現了，大家都懷著幸災樂禍的心情，指說各人剛才落荒的狼狽樣子，暴風雨過去了，大家又高高興興的另圖良謀，或分道回家。

啊，童年的歲月竟是那樣的燦爛，無限的幸福，每一憶起就令人懷想不已。撥開時間的雲煙，這些往事就化為活生生的事實，清晰新鮮，歷歷在目。

我記得怎樣的把大鮎呆養在井裡，每天看牠從容出來，優游的吞食我們投落的飯粒。小淑德則高興的切碎小鮎呆，餵飼那邋遢的小番鴨，年節的豐盛全靠這時的殷勤呢！

啊！時光不能倒移啦！何時重溫「鮎呆生涯」呢？

夢魘

有一件事是發生在國小二年寒假的時候，那是我生平首次被送上手術檯動手術。原因可能是吃了太多從稻田水溝和自渠洞中捕來的魚。

那些魚有些是用釣的，有些是用毒藤汁毒倒的，有些則是排乾水用捉的。起初臉頰疼痛，以為是長了「豬頭皮」（即腮腺炎）；後來腫痛不消，實在受不了，才請鎮上的「日本醫生」（鎮民如此稱呼）診斷，發現是在下臼齒的牙齦長膿包，必須開刀才行。

帶我去看病的母親同意了，安排在晚上進行。可是，到底要怎麼進行呢？不知道。問醫生，醫生只淡淡的回答說：「不痛！很簡單！很快就完成了！」

結果，晚上七點多照約定時間到手術室，才發現裡面排滿了雪亮的手術用具，空氣中充滿著濃濃的消毒藥水的氣味，心裡覺得不對勁，想逃走，可是來不及了。

年輕的男助手叫我先躺在一張上鋪有整潔白布的手術檯上，然後用檯旁的橡皮帶將手腳都套牢，使全身無法翻轉。我感覺害怕得大哭起來。可是母親安慰我說不會痛，不用怕，一會兒就好了。但，醫生隨即又請我的母親出去，只剩我一個人而已，讓我更惶恐了，不曉得要怎麼辦才好？我接著告訴醫生：我想小便，可否放我起來？醫生說沒問題，不用起來。他叫助手拿出一個透明的玻璃瓶，解開我褲子鈕釦，將下體放入瓶頭中，就這樣要讓我解決小便問題。我雖感到啼笑皆非，但人也下不來，便只好將就了。

小便問題解決後，醫生在我臉上覆上一塊手術布，用剪刀剪開，先打一劑麻醉針在臉腫部，接著即割開左下顎的皮肉，清除膿包的積膿。疼痛的感覺非常強烈，加上手術時的金屬摩擦聲，使得我更害怕那種被宰割的無助，於是一直不停的哭叫著。最後，在極度疼痛、害怕，加上麻藥發作的情況下，整個人便在聲嘶力竭中昏了過去。

等清醒後，我的臉上已包上紗布，嘴裡覺得鹹鹹的，疼痛是漸褪了一些。但發現進房的母親，眼睛也是紅紅的，顯然曾流淚過。這令我大為感動。我總算知道母親的心情了。

我出生的大溪老家，後面稻田和綠竹林園的地勢，較屋後的環形排水溝要高五十幾公分，平時的大小雨落下，若排水溝沒有被堵塞的話，我們住的房間不會湧入大量溢流的溝水，就像借路逃難的陌生人群一樣。

可是，若是颱風天來臨，往往風雨最大時，屋裡就會因排水溝被竹葉，或乾草樹葉等堵塞，而一如預期地大量溢流黃泥溝水進屋內，瞬間地板積水超過十幾公分，各種木屐或木桶容器都漂浮起來，人只能躲到床上，等黃泥水從牆角的石縫中排出前門屋外的水溝。這就是室內水災的窘況。

不到十三歲的我，遇到此種狀況時，若父親或兩位兄長都出外未歸，母親就要我穿上蓑衣，戴斗笠，拿著鋤頭，捲起褲管，赤腳開門外出，將屋後的水溝清通。這時外面大風大雨，黑暗無人，自己宛若置身在災難一片的孤絕境域中，心中有被全人類拋棄的驚慌和不知所措。可是，房門是牢牢關閉著，除非我清通水溝，好讓房內退水，否則我是沒臉敲門進屋內。責任所在也是形勢所逼，只得硬著頭皮拿起鋤頭到屋後去清通水溝，一路都完全暢流之後，才敢敲門進屋，卸下蓑衣斗笠和鋤頭。同時，人也全身不再僵硬，心不再恐懼，只是仍在擔心天亮以前，不要再出門就好。這就是迄今我一直不想再回憶，也一直害怕颱風夜外出的主因。

每當秋夜大颱風雨之後，我的眼前，仍依稀看見颱風天時豪雨泥水溢流到環屋排水溝的景像。那時天地一片烏黑，暴風呼嘯猛烈襲來，人幾乎都快隨之飛捲上天，豪大雨水如洩淋身，而我就是在無比驚惶艱困漆暗中，根據微微水光，把水溝中的阻塞泥草用鋤頭清通。忍著哭，忍著怕，只求不要再淹水。

噩夢啊噩夢，青春啊苦澀。苦澀啊青春！這種經驗，最好永不再來！

庭園中的芭樂樹

如今已經荒廢的大溪老家庭園中有二十幾棵芭樂樹，是我在公路局當工友期間，也就是在我去當兵前幾年種下的。種下之後，在我印象中，二十幾棵芭樂樹一直都蓊蓊鬱鬱，翠綠異常。以後，我每次回大溪老家，若是看到這些長青的菜樹，就不禁勾起未種之前幼年時期的許多回憶。由於常常看這二十幾棵芭樂樹，那翠綠的姿影太熟悉了，彷彿它永遠會這樣挺立在庭園中，永遠是我生活中的回憶的一部分。

可是，就在三十幾年前的某一夏季回到大溪老家時，發現芭樂樹開始枯萎了，一棵接一棵像染上瘟疫似的，一直惡化下去。剛染上枯葉病時，一發現樹葉枯萎，我母親就會馬上砍掉它，免得其他棵芭樂樹也被傳染。但惡化的情況一開始，就沒停下來過。園中芭樂樹很快已剩最後數棵。那乾枯的樹枝，落光葉子，黑禿禿的，像老人無肉的手掌伸在空中，隨夜風飄搖。看著它們，竟覺得像是在喑啞地對我揮手告別。

事實上，這些芭樂樹是我當初託每天一起在虎豹坑搭公路局早班車的那位玫瑰花種植業者，從彰化二水幫我買回來的。由於沒經驗，不敢奢望，只求種下後有一半活著，就算幸運了。出乎意料之外的順利，居然每一棵都活了。

春天種下，那年秋天就開花結果了。

庭園的土地本就肥沃，水源又豐富，加上母親常倒入一些雞糞、垃圾上去，更使樹木長得茂盛油綠。開花的時候，密布的小白花，如寒梅初綻，一片雪白；風一搖曳，宛如細雪紛紛飄落。等花瓣稀疏後，豆粒一般的幼果就乍現了。綠豆大小的幼果，顏色由綠轉淡，體積也逐漸碩大，不久就成熟了。有些熟透的，呈淡黃色或淡白色，散發芭樂特有的芬芳，挺清甜沁人。

不過，這種熟果很容易落地。風一吹，噗答、噗答直往下掉，一掉地上，只有繼續腐爛，等待種子萌芽的另一次新生，或者被撿回家餵豬吃的命運了。鄰居要的話，母親隨時摘幾粒給他們。有時鄰居乾脆自己動手，在樹上挑自己喜愛的來摘。母親說，粗俗之物，大家愛吃就去摘吧，反正自已也吃不了那麼多。八、九月是盛產季節，每天都有一大盆成熟的芭樂，母親常叫我拿到鄰居家裡送給他們。鄰居則回報以青菜、竹筍之類。

鄉村的生活，只要人們不是太窮的話，就比較富人情味。平時你來我往，有事互相幫忙，彼此都很親切和熱絡。分享像芭樂或青菜之類之收穫，也是生活習俗的一環，不足為奇。但是如果人們太窮的話，就連芭樂這種粗賤的水果，也是得之不易呢！

在鄉下種幾棵芭樂樹沒什麼好誇耀的。野生的芭樂樹在鄉下到處都有，像野草一樣，繁殖力甚強。院子前後以及菜園裡、水溝邊，總有那麼幾棵。但是野生芭樂苦澀、堅硬的多，清甜、脆軟的少，好的品種頗讓人們喜愛。鄰居中的某一戶人家，在七十多年前，正好在庭院中種了一棵甜脆的芭樂樹。當時我家裡很窮，買不起任何水果。每當我從鄰家圍牆外走過，看著樹上結滿了纍纍的果實，麻雀跳著、叫著、飛著在那兒啄食，風裡飄散著陣陣香味，就一直渴望從樹上落下一粒來讓我撿啊！

有時鄰居爬到樹上摘取，我和其他小孩則在樹下癡癡的等，心想或許他會慈悲的丟給我們幾粒吧？那種壓抑著自尊心，渴望、羨慕有一點水果吃的難堪景況，多少年後，仍歷歷在目地出現在回憶裡，思之令我難過和臉紅。所以在往後的歲月裡，我絕不允許自己有等待別人施捨的懦弱心理，縱使在愛情的領域中亦然。

種芭樂的心情也是這樣，童年時的饞嘴和難堪的黯淡回憶，使我在年紀稍長之後，萌生一種求償的心理；或許想藉以抹去不光彩的過去吧？於是才想到種幾棵芭樂樹過過癮。當鄰人從我的手中接過我種的芭樂時，那曾經等人施捨的可恥記憶，會為之淡化了；偶爾想起來，心裡也會好過一些……

我種的芭樂是四季生的「名種」，肉甜而脆且硬籽很少，是芭樂中的上品。故鄰居頗羨慕我有這種珍貴的東西，反而我自己覺得它平淡無奇。一度那樣渴望的東西居然沒有欣喜的感覺，我也不明白為什麼？也許是我不想再勾起回憶，也許是我的心理歷程，已到較成熟的階段了。當初，我在庭園中種芭樂樹這件事，其實是帶有我個人的生命氣息和生活的實踐在內。但是時過境遷，我再也感受不到那種心情。

種下芭樂的第四年，我就到竹北來工作。每次回家，都看到大籃小籃裝著摘下來的芭樂，或曬乾的芭樂片；未進門，老遠就聞到一股甜甜的清香。要回竹北時，母親又大包小包塞給我，要我一路吃，或分給竹北的鄰居吃，好像我跑這一趟路，就是為了吃芭樂。

這十幾年來，我對這樣的模式已習以為常，以為不會再有什麼變卦了。而且照顧芭樂樹的工作，也帶給我母親一些生活上的樂趣。她的年紀已大，身體又差，我們兄弟又都在外頭謀生，偌大的家園就剩她一個人，實在很寂寞，能有個事忙，整個人才有精神，身體才會硬朗。

可是，突然間芭樂一棵一棵枯死了，每枯一棵，母親就砍掉一棵，空出來的地方，她就改種蔬菜。對庭園中的芭樂樹之存在與否，我母親視為是稀鬆平常的事，當砍則砍，毫不猶豫。然而，對我來說，那些象徵著我的童年記憶和生命的成長歷程，遽然間就要消逝了，那種無奈、惋惜的感觸，就像深秋的寒風，在心頭吹襲，一種淡淡的苦悶，在內心裡盤據了許多日子。宛若一個熟悉的朋友，一長串的生活影子，就要和我告別了，我除了道一聲「再會！」又能說什麼呢？

巴陵峰頭春意濃

我發表的第一篇文章，是在大報副刊投稿被登出的長篇散文，當時記憶力很強，刻劃場景如照相一樣的精準。我寫的是與去桃園復興的巴陵，與原住民一起過年的深夜爬山經驗回顧。

六十年代，臺灣官方對新聞媒體的管制還是很嚴格，報紙種類不多，後來改為《中國時報》的《徵信新聞》，就是少數大報之一。而當時的文學作品，若能刊登「副刊」上，效應會很大。我就是在當時投稿一篇文學作品，被全版刊載，題目是〈巴陵峰頭春意濃〉，描述我到拉拉山上去過春節的特別經驗。當時，我在公路局當工友，與公路局司機老林，在農曆春節除夕當晚，一起相約到達巴陵。老林說，他認識住在巴陵山上的泰雅族原住民家庭，假如我有興趣的話，他可以趁著開末班車到巴陵站過夜時，帶我到山上的原住民家中過年。

我說好，於是與老林就一起去巴陵的山上過年。如今回憶，其他細節都模糊了，唯獨當晚艱苦爬上山頭那段九死一生的人生空前未有大體驗，那段過程還是非常清楚。我認為，這大概是人的選擇性記憶吧。底下就是我的記憶印象：

歡樂是要靠自己去尋求，偶然的機緣則常促成我們獲得。一九七〇年春天，我就是靠偶然的機緣，在巴陵峰頭和熱情的泰雅族原住民共度一生永遠難忘的春節。

我很年幼時，大溪老家的門前常有奇異的陌生人走過。他們的臉頰兩邊刺有駭人的青色條紋，服裝古怪，背後有個大竹簍，裡面裝的是熟竹筍、木耳、香菇、花生等等這類東西，到各家門前來販賣。竹簍就用一條寬帶配在前額頭，大概很重，走起路來，總是邁開八字腳，奮力前進的樣子。鄰家的小孩對他們喊著：「伊士瑪路！」他們會和氣的打招呼。可是加一句：「芭樂硬子！」他們就發怒了。母親說，他們都是些內山的生番，可會殺人砍頭的。我也聽鄰家的一位阿伯說，他在年輕時也曾到角板山上去釀樟腦油，那時，他又是如何和那些番仔多方周旋的曲折故事，令我既驚且怕，可是百聽不倦。大清早，這些奇異的陌生人，從山裡來，到黃昏時，他們又回到山裡，男的大半醉回去。

北部橫貫公路通車後，我一直想進山裡看看，總未如願。現在山裡對我更加誘惑了。除了幼年的夢之外，又添加了鄰人和朋友們津津樂道的美麗景色，諸如小烏來、蝙蝠洞、鳳凰石、大漢橋等，還有滿山豔紅的櫻花。

一九七〇年春節前，我正經歷著一段騷亂不寧的時期，充滿兼有毀滅與更新的雷雨。我離開家，想到山裡尋覓幾天的休息，但朋友們都爽約了。我在街頭正茫茫然，不知何去何從時，服務公路局的老同事林司機專駛從大溪到巴陵這條班車路線，一看到我，把車當街停了。他喚我快上車，之後又問我：願不願到山裡過年？他要在那裡輪值一晚，可以帶我到原住民家裡做客。我大喜，立刻答應。

於是，我終於來到巴陵，在喜氣洋洋和陽光普照的正月天，經過的路途約歷時三個鐘頭，沿途觸目所及，都是峽谷的陡峭山壁，曲折迴轉，景色壯麗驚人。途中，我印象最深刻的，就是同樣年輕的泰雅族男女原住民們，全身穿著鮮紅黛綠，極盡時髦之能事；而年老的泰雅族人，則人人橫臥、斜倒，酒氣沖人，完全不是我先前想像世界中的模樣。

老林所開的夜間末班車抵達巴陵站時，天色已經暗得不能再暗了。我生平第一次從大溪老家來到巴陵站，這裡是北部橫貫公路中段，往來宜蘭和桃園之間的公路局班車在此交接。這個不起眼的小地方，只有區區幾間構建得很粗陋的木屋，是此地的原住民們開的雜貨店和小吃部。公路局班車的站牌旁邊有一個小收集木場區，設有纜繩可直上到峰頂，大約是過節停工，在這個小收集木場區的地上，僅剩散落堆放的一些雜木料而已。

路的另一邊則是懸崖，淵深百丈，聽得見有澗水在不斷奔流的洶然作響，並有白色水霧向上不停湧起。抬頭仰望，此一公路兩旁，仍全是高聳插天般的長長橫斷峰嶺，上面都有茂密的一大片樹叢，看來鬱鬱蔥蔥，有令人覓蹤無從之感。可以說，這整條北部橫貫公路就是在如此險峻的半壁間，不斷迂迴著，一路朝宜蘭方向持續盤旋前進。

本來，峰頂的胡家要派人來接我們，不知怎地，已晚上八點多了，還不見人來，我和林兩人等得又餓又冷。雜貨店兼營小吃店老闆再三挽留我們吃年夜飯，他那誠懇的語氣有如哀求，我和林不禁都被他感動了，便接受了他們盛情的招待。

我們吃的是豐盛的外省料理，是老闆的榮民女婿做的，他是築路工人，才有機會娶老闆的女兒。春節歸來，親自下廚烹煮。直到九點多，年夜飯在酒酣耳熱中散席。然後，我和林持手電筒，再向胡家的山路前進。

夜已深了，步出門外，就是漆黑一片，山風野大，林樹蕭蕭，蟲鳴唧唧。雜貨店老闆認為山路崎嶇難行，夜行恐有危險，力勸我們宿在他家，可是林和我遲疑了一下，還是堅持走了。我們順著公路出發，大年夜在這樣四顧茫茫、寂寥無人的荒野外行走，實有無限的感觸。往年家裡的歡樂景象，街上熱鬧的人潮、煙火、鞭炮聲等，一幕幕清晰地浮現在我的心坎裡。況且，路邊斷崖下，水勢浩瀚的無底深淵，頭頂上峭壁中榛莽一片的茂密林樹，在暗夜強風中的張枝舞葉，都像似猙獰的鬼魅張狂，令人膽寒。前進不久，找到了上山的小徑，便開始我們最艱苦的征程。

但，可憐！那是什麼路？——只是一條不到二臺尺左右的羊腸小徑，大概七十五度傾斜，而且一踏足，碎岩即會不停鬆落——但，我們還是繼續勇敢前進！我們必須一路不斷緊緊抓住草叢，或立刻攀到樹枝，才能持續地騰爬而上，那艱辛使我們忘卻內心的害怕，而孤獨則使我們藐視一切危險。

此時，我心中湧現了一個信念，人家每天從這裡出入，難道我們連空手走路都不行？唯有奮鬥的人才能獲勝。很幸運的，最難行的地方都有草繩可拉，草繩雖使用已久，仍很管用，所以沒有遭到危險。

途中，一個醉臥路上，半身懸垂斷崖外的中年泰雅族婦女嚇了我們一大跳。林認得她，扶她起來，她醉意朦朧地和林二人開始講個不停，談得很親熱，可是，我完全聽不懂，因她說的話全是日語。但她仍可東倒西歪的走在前方，替我們引路。的確，人是環境的產物，她就是不會摔到深淵裡，她就是走得比我們快。

不久，我們到山腰的一處臺地，出現在眼前的是一排排木房與竹屋，就像我們在銀幕上看到的印地安人式的房屋那樣。那婦人幫我們敲開胡家的門就回家了。胡家的人都不在，一個滿臉皺紋、刺青鮮明的老婦人出現。她對林說，人都到「山上」伯父家作客去了，我們只好退出來。

我凝眸向著峰頂的方向望去，心裡立刻涼了半截，在遼遠天際，有一盞燈火隨風明滅不定，那就是我們馬上就要去的地方。我在剎那間全身彷彿失掉了力氣、勇氣。

我們仍不得不再度出發。但，這一次我們有如在無盡期中受劫那樣，覺得口乾舌燥，整個身體又疲憊得快死了。我已完全忘記那晚的一切路程和全部時間，到底又是如何經歷過？總而言之，在印象中，就是轉彎又轉彎，迴旋又迴旋，不停地迤邐而上。還有那狗吠聲、蟲鳴聲、風響聲或交替著，或多聲共鳴，不斷地在耳邊響起。最後，我們才好不容易的終於真正踏入胡家的大門，人也才算恢復了些元氣。而此時，也將近午夜了。

我沒有料到第一次來到巴陵，所體會的，就是這樣奇異的艱難登山之旅！此後，我再也沒有到過巴陵，也不知道它的現況如何？

《冷暖人間》與我

金杏枝其實是一個男性作家的筆名，卻給不知真相的讀者許多女性優雅的想像。至於《冷暖人間》則是他相當暢銷的通俗愛情小說。這位作家和他的愛情小說，早已被大多數讀者所遺忘了，可是，我仍深刻記得。

那是我小學五年級的時候。有一天，我放學回家，意外發現大哥在讀一本我從未知道的大眾愛情小說《冷暖人間》，他的聽眾就是我母親。我母親是正經歷婚變的滄桑婦女，可是，她也靜靜的聽我大哥念著《冷暖人間》的故事情節。每天都一小時，二十幾天，才全書念完。大哥把這本書當寶貝，每次讀完就密藏起來。而他和母親都不許我在場，也不讓我看。

兩個月過後，大哥和母親全忘光金杏枝的《冷暖人間》這本書時，只有我沒忘。我費盡千辛萬苦，終於破解大哥的祕密藏書之處。我神不知鬼不覺地將書偷出來，一個人躲到穀倉後面去讀，很仔細的將全書讀完，並牢牢記住細節。這就是我對成人世界的愛情知識的啟蒙教科書。

但我處於認知的雙重矛盾中。因為我所看到現實生活裡，成人的愛情一點也不浪漫，而故事裡的愛情世界卻是迷人的。當我和年長的女性交談時，我都使用金杏枝的《冷暖人間》一書的智識和對白，相當受好評。可是，我一點也沒有成就感，因為我的父母不是這樣相處的呀。

我當兵三年替軍中士兵代寫大量情書，讓他們個個都成功交到《皇冠》雜誌書末的女筆友，並開始連續約會。我自己從未替自己寫過一封此類的情書給任何女筆友。因為我根本沒有那樣的感覺，我不能自我欺騙。就像日後，我在飛利浦上班，待遇好，同事下班就是兩件事：到地下舞廳獵豔和賭博。可是我都沒興趣，所以才會去讀希臘悲劇、讀托爾斯泰、讀戰爭論，並發現費爾巴哈的《宗教本質演講錄》居然像我自己所寫的那樣。

我知道邏輯家彌爾是怎樣等他的已婚情人幾十年，才如願結婚。而哲學家謝林是如何不顧一切的追隨心儀對象。我從不是因情慾的需要而去誤認愛人。或許，這是他人所難以理解。但，我就是這樣的人，也不管別人如何嘲笑我。

謎樣的父親

八十年代，我在《自由時報》副刊登載了一篇原名「落霧大地」的文章，第一次寫「謎樣的父親」。

像謎樣性格的父親，恐怕很少人能瞭解他吧？除非由他本人講出來？不！恐怕連他自己也不太明白自己吧？有時，從父親的性格，會讓我聯想到父與子的差異性。

在傳統的中國倫理體系中，父母的權威是很大的，子女的義務就是孝順。父母的行為如何，子女管不著。一個人在什麼樣的環境下誕生，完全靠運氣，自己並沒有選擇的權利。一旦在哪個家庭出世，他就必須承擔或分享這個家庭的榮辱，連容貌、體格、天資都大半決定了。

我似乎很小就明白，這是無奈的，因而對家庭的變故，沒有感到特別的不幸。我對父親的離家出走，除了幼年因鄰人和同學的歧視而會為之激動、悲憤和難過外，當年歲漸長，心境上也隨著變得淡然。這種諒解的心理變化，並非是多高超的開悟，而是在社會奔波久了，看到許多比自己更為悲慘的不幸遭遇，心裡自然會因憐憫他人而釋然於自己的處境。

史懷哲在他的自傳中，提到人類只有在本身遭遇痛苦時，才能體會到別人的痛苦。這種相互的體會，就是人類關懷彼此，創造和平的推動力量。他的看法的確是能令人信服的經驗之談。我沒有這樣崇高的聖哲情操；但我仍是依賴同一經驗，走出家庭不幸加諸在我心靈上的陰影。因此我生平中，從無自卑之感。但，我在嘗試瞭解和改變父親的努力中，卻不得不承認是失敗和不瞭解。

回想起來，父親對我算是不錯。五個兄弟中，他對我有更高的期望。他認為中國近代偉人有兩個：孫中山和蔣介石。孫中山的相片印在鈔票上，在他的眼中，等於財神的標記。蔣公以前常到大溪，每次來，沿途都有憲、警站崗，鎮上的人暱稱為「阿石伯」，就像一位有地位的長輩回鄉一樣，在嚴肅中洋溢著光彩。父親於是將這兩個偉人的名字，各取一字，為我取了個小名，叫「介山」。

我幼年瘦小頑皮，人家說是「鐵骨生」。鄰居的小孩看到我很會爬樹，便喚我的綽號為「猴子山」。我氣哭了，父親就安慰我說：「他們不識寶，你不要見怪。你以後一定要他們稱你為『阿山伯』才行。」這個安慰其實也不高明，因為「阿山」是「外省人」的代名詞，我的「阿山伯」終究當不穩。不過，如果他一生中曾留給我一些溫暖的回憶，那麼這件事，算是其中一件。

父親在我小學三年級時就賣光田產，然後一個人遠走高飛，母親則千辛萬苦照顧一大群子女，但食指浩繁，無法維持，於是三個妹妹送人兩個；兩個哥哥國小畢業就去當學徒；弟妹由母親帶到表舅家幫傭；我則寄居伯父家，吃盡苦頭。全家自此骨肉分離，聚散無常。

我記得家裡有幾十甲田和兩個池塘，四條牛，兩個長工，土角厝有八、九間，非常寬大。

若跟鄰人多半為佃農的苦境相比之下，我的家庭應屬富農等級。大溪鎮上不管是殺豬的、消防隊的、裁縫店的、賣焦炭的或挖煤礦的……都常常到我家裡來喝酒。家裡豬寮的豬常被這些酒伴宰來下酒，他們臨走時，每個人還提著幾斤豬肉回家。大溪鎮上有些婦女吵架之後，也會從街上來到鄉下，急著找我母親來傾訴對方的不是。

我父親可以說是非常好客，宴席不斷。他那些朋友有時喝完酒，脾氣一爆發，在家門口就毆鬥起來，順手敲破酒瓶，用鋒利的破片傷對方，皮翻肉綻，鮮血淋漓的場面也經常出現。最驚心動魄的一次是兩個醉漢激烈毆打，扭成一團，雙雙滾落別人家前不遠的池塘中，弄壞了人家的絲瓜棚，在爛泥中混戰，夾雜著身上泥濘和鮮血，就像瘟神惡鬼在狂舞著。奇怪的是，勸架的人總是等打架告一段落，才將其制止、拉開。而打架的人過後也未成仇人，還是照常來我家中喝酒。

母親譏嘲他們是「豬狗禽獸」，他們也不以為意。問題是：這些喫、喝和打架，並不拖垮我家的經濟情況。一來東西是現成的，連酒都用米私釀，不必花錢買。再者父親除了喝酒外，從不參與打架，醉了就睡。這也是母親能夠容忍的原因。

那麼，父親為什麼要賣田產呢？據母親說，是算命的告訴他活不過三十五歲，所以他說要「享受一下人生」。田地分好幾次賣，賣了錢，就在街上開煤炭店當老闆，又頂了彈子房，同時和人同居。

其實他根本不會經營，只是裝闊且任店員舞弊。女人方面則花錢如流水。母親似乎也被「宿命觀」所震懾了！她不敢干涉父親的揮霍，只在暗中節省，以便籌措家裡大小的日後開銷。但父親最後一次賣田卻是幫人競選鎮長，希望當選後有個祕書幹。結果完全落空，變成一場噩夢。

母親是堅強的人，她以「天意」來接納父親的失敗。父親則靜默地蟄居家中，足不出戶有兩年之久。昔日的酒伴也絕跡不來了。父親的事成為鎮上的笑柄，鄰人竊竊私語。面對這種尷尬的處境，家中的人並無怨言。母親的堅毅態度使家中在低沉的暗影中，還維持著穩定的生活步伐。

大哥、二哥出外當學徒。他們原是勤奮的青年農夫，既無田地可耕，只得改行。弟妹還小，我要幫忙照顧，洗衣、煮飯，上山打柴，樣樣都來。時至今日，鄰居的年長婦女，還佩服我當年能跟她們走長遠的山路，去挑茅草和雜木桿。

在學校，我則因遲交學費，常被師長羞辱和同學嘲笑。我瘦小，打架輸人，但智慧漸長，課業進步神速。「一目十行」、「過目不忘」，我當時真的有這種本領。起初，師長看我不按時交作業，寫字鬼畫符，全身髒兮兮，像癟三的邋遢樣子，不相信我考試成績這麼好。懷疑我作弊，又捉不到證據。以後，則不得不承認我是「天才」。

我讀書本領讓父親敬畏。他用花生米獎賞和針刺眼皮來考驗大哥背書。對成績不佳的二哥，老實不客氣地用木棒敲腦袋。而我快速又準確的狀況讓他簡直不敢相信，因此有點縱容我。連我去小雜貨店代他買酒時，偷扣錢買糖果，他也不計較。母親則對我的行為「嫉惡如仇」，掄起竹桿便打，連我痛得躲入床底也不放過。

父親在蟄居兩年之後，說要去土城附近的海山煤礦當礦工，賺錢回來補貼。初時，還有一些錢寄回來，以後就沒下文了。母親要我去看看，我生平第一次搭車出遠門，七問八問，總算在工寮找到父親，他正和一堆人在床上賭四色牌。另外，還有個人要我叫她「阿姨」，我立刻明白：她是父親的新歡！

我回家告訴母親，母親怒火沖天，要我帶她去和父親理論。但父親早已行蹤不明。據說他在淡水、臺北，各待一段時間。我聞說後也前往探望。他仍然重操老本行開西裝店，照例有女為伴。母親在海山煤礦後，徹底失望，絕口不再提父親的事。有人問起就說：「他死了。」

有人建議母親改嫁，她猶豫不決，我堅決反對，於是改嫁的事作罷。但生活要如何維持？大哥在桃園學藝，於是母親去桃園表舅的貨運公司幫傭。弟妹跟著去，我則留在大溪，以便繼續學業。然而，我雖以極優異的成績考取初中，卻只念了一年，便因繳不起學費而輟學到臺北謀生。經過十八年，弟妹已長大，我才靠自修中學課程並通過教育廳的學力鑑定考試，再先後考取臺師大歷史系和臺大史研所。

總之，父母給我的最大資產，是優秀的秉賦，讓我在激烈的考場上，擊敗實力堅強的對手而取得進修的機會。這也是我在日後還能諒解父親的最大原因。

成年後，我對父親已無思慕之情，卻陸續聽到他的年輕軼事。在臺北的姨母告訴我，她欽佩父親的仁慈。我問：為什麼？她說從前我家田地未賣時，家境很好，大溪鎮上某姓家族，還未以採煤起家成鉅富，貧窮無東西可吃，曾到我家池塘中偷採茭白筍，我父親耕田回家，遠遠看見，卻趕快避開，以免尷尬，又傷對方自尊。這是我第一次從意想不到的角度來認識父親。

另一件事是岳父告訴我的。他說我父親是鎮上著名的美男子，自幼便被富有的江家收養。月眉厝江家幾乎每天應酬宴客，屋前的溝水因殺雞鴨，經常是血紅色的。我父親在這樣的優渥環境中長大，本身又學過裁縫，所以漂亮的衣服和光鮮皮鞋始終是鎮上年輕人中最引領流行的。

父親也精於劍道，是罕見的奇才，在大溪的武德殿競技，曾連敗十八名高手，直到被岳父擊敗。岳父武藝高超，自日據時期即任員警，地方惡少、流氓，畏之若虎。光復後蔣公官邸一直由他擔任管區。他告訴我，蔣公來臺初期，生活節儉，餐桌上的一根香蕉，分兩餐吃，官邸的椅子不夠，他也幫忙去借過。岳父可以說是一生廉潔正直的人，他的話有高度的可靠性。他提到父親在「三七五減租、耕者有其田」政策實施初期，因太過迫切，佃農和執法者都不夠友善，父親憤而執武士刀，立於田中，阻止接收。執法者和佃農大為緊張，招來軍警，攜槍帶械，趕至現場，雙方對峙，嚴陣以待，生死瞬息可判！我岳父請大家退下，由其處理。他未帶刀劍，以友善的態度走近父親，告訴父親，如果認為老朋友會欺騙他，就請出刀，他被殺也甘願，絕無怨言。如果肯相信，老朋友即以生命擔待，不讓我父親受委屈和遭受報復的處罰。父親最後將刀交出，說他只是氣憤對方態度惡劣，要給對方一點顏色看罷了。最終在一場虛驚後，圓滿解決。

我其實不知道他精於劍道，因他從未在孩子面前提過；但我知道家藏有武士刀，放在牆壁和屋簷相接處，我是掏屋簷的麻雀窩時無意中發現的。不過，我不敢去碰，這對我是嚴重的禁忌！我也不曾告訴旁人。直到岳父告訴我關於父親的往事，我才加以聯想起來。然而，怎麼樣也無法想像父親執武士刀立於田中，要和人一決生死的樣子。父親對鄰人非常友善，一副文質彬彬的模樣，他在農具上也勇於作改革，讓鄰人覺得新奇。可是，他的荒唐生活除了令人搖頭外，真是充滿了不可解的謎。我不知道如何對這樣的性格作合理的解釋？

父親的生父過世時，我受託從臺北將他找回來。兩個人坐計程車回大溪，一路默默無言。車在公路上奔馳，窗外寒霧濛濛，不知為什麼當時我心中不斷想著：霧落大地！霧落大地！……

後來我在師大念書，他帶一個朋友到竹北我居住的地方來看我，我未招待他。他似乎只在證明他有一個念師大的孩子，卻又用日語稱我為「江先生」，我實在不解其用意，只得匆匆藉故走了。從此，再也沒有見過他。

之後，有一次我回大溪，路上遇到一個鄰婦告訴我，從臺北來的人告訴她，我父親已投水死了。因他的朋友的裁縫店不讓他吃飯，他憤而投河。事情的真假無從得知，也找不到他的蹤跡，就像在霧中突然消失一樣。

婚姻與情慾

有關父母的婚姻與男女情慾問題，迄今依然是我最不能理解，也是被捲入其中最深的一位。別的不說，我只特別在此指出一個事實，當時我父母明明已離婚，戶口遷離，財產分割完畢，彼此都不再有任何法律配偶的牽連。母親每次提到父親，就說他已死了，不要再提。

可是，兩個離婚的怨偶在隔幾年後，父親不知何事回家，又與母親睡在一起，使母親又懷孕了，生下我最小的「非婚生」弟弟。我心裡非常不以為然，因為小弟是「非婚生」，所以從母姓。我後來自修法律，知道民法親屬繼承的相關法律，親自教導父親辦領收養手續，於是小弟的姓氏才改為姓江，與我們其他兄弟一樣。

我心裡非常鄙視這點，為何還要讓我來收拾善後有關此事的一切呢？

我到七歲那年，才開始對世界產生很大的好奇，一切都是問號，一切都非常新鮮，我都想瞭解。可是沒有人願意為我解說。從此那個七歲的好奇稚幼靈魂，就在大腦中，一直沒有真正成長過。

對性的好奇，是生物，也是人類的天性。可是人類的性文化，可謂花招百出，無奇不有。這裡談兩件事，就是春宮畫與床頭鏡。為何會談這兩件事呢？

先從春宮畫來說。我原先喜歡幽默大師林語堂的著作，他對晚明的小品文推崇至極，可是卻取笑明末最著名的春宮畫家仇十洲畫中的人物都像蘿蔔，沒有藝術美感。而我是從哪裡看到這些？荷蘭大漢學家高羅佩的名著《祕戲圖考》和《中國古代房內考》二書，讓我大開眼界。因為清末著名藏書家葉德輝的很多祕本都是從日本取得，外界很難分享，高羅佩則比葉德輝看到的更多、更豐富，而且解讀一流。可是高羅佩的中譯本，文字全數保留，插圖卻只剩部分。

最近我看到各界各國的春宮畫，包括日本、印度、西洋、阿拉伯。可是我發現，不論哪一種，最醜、最難表現的，是下體和交歡的部分，沒有任何畫家可以克服這一點。所以，性的現場永遠是想像和感受的愉悅世界，卻是藝術直接表現的墳場。

再說床頭鏡的問題。我小時候睡的八腳床是父母結婚時的豪華古典大床，床前有腳階，床架有精緻雕刻，靠內的一面則有一面和人身體等長的明鏡，周邊鑲工非常優美，人一躺下，可以近距離看到自己的全身模樣。我一直不清楚，為何床上要有這面鏡子？久而久之，就不當一回事了。

直到我讀胡茵夢的自傳，她提到她和李敖結婚，夫妻交歡時，李敖最大的興趣其實是看著床上的上頭特裝的大鏡子中，所出現的自己的英雄表現和胡茵夢的性反應。

我至此才恍然大悟，原來我的父母那一代，也有類似的浪漫裝置。

傳統臺灣社會的婦女，和傳統古代中國社會一樣，當她們成為母親和祖母（媽）時，在倫理上，是神聖的，是必須孝順的。可是，當她月事來潮時或生產時，她就是污穢的。所以，破邪魔之道往往會用沾有經血或沾有陰道穢物的布料，連同黑狗血一起，欲圖使對方因此而污染化和失去魔法力量。

基於這樣的認知邏輯，產房也是污穢的。因為產婦有陰道穢物。必須滿月之後，才恢復乾淨和神聖性，也才可以參與祭神和進廟宇。若在農曆年的期間，產婦會相當為難。因為人人要到廟宇拜神祈福，若是進了未滿月的產房，就失去進廟宇拜神祈福的神聖資格。

我很早就看出這樣認知的荒謬性。當鄰婦產子，卻無人提供午餐時，我偷溜進去幫她熱飯菜，讓她不挨餓。然後，若無其事，溜出產房，同樣沒有換洗，就和大家一起進廟宇拜拜，之後一點問題也沒有。事隔十八年之後，我在返鄉途中遇到鄰婦，她仍感念不忘當年我進產房，替她熱飯菜之事，並到處提及。可見，人道是勝於鬼道或神道的。

附論：傳統「厭女症」的新知視野在當代臺灣概況

傳統中國「厭女症」的成語有一句「碧血洗銀槍」的涵義，就是指傳統中國漢人民俗佛教的厭女禁忌行為。它是在形容女性月經期間，有直接與男人性器官接觸狀況的場景文學描述。

不過，在古代，世界上也曾有多數民族，認為女性經血是污穢、不祥、災難之源。也有少數民族則認為處女膜有毒。甚至認為，有經血的女性洗澡之後，洗澡水流入的河川與大海都被污染，會激怒河神、海神與上帝。

現在這樣的現象被稱「厭女現象」。但在現代的「厭女症」新知視野下，則其原始意義指涉，已完全被顛覆。例如當代關於人類在情慾方面的男性統治史及其被顛覆的現代轉變史，美國女人類學家理安艾斯勒教授的力作《聖杯與劍》以及《神聖的歡愛》兩書，可說是歷來研究女性肉體政治學最博學的探索。同時此種論點也在中國學界獲得巨大的回響。她可說是在波娃博士的《第二性》經典之後，又一次的書寫成功，只是原創性不如《第二性》之大。此外，當代日本女作家上野千鶴子的暢銷書《厭女：日本的女性嫌惡》，其實在學理上，是與《神聖的歡愛》一書，有相通之處。

因此，當代臺灣女性運動者，紛紛採用「厭女」的概念，來從事彼等關於「厭女」的歷史研究，與對於當代「厭女」概念的相關社會批判。

輟學與長期孤寂自學

自大溪國小畢業後，我選擇升學，並有強烈自信，能考入好學校。由於家境清寒，雖仍如預期，以第五名的優異成績考進大溪初中，並獲母校大溪國小頒發一支「留美黃振榮博士紀念鋼筆」以為獎勵。但初中才讀一年，就被迫輟學。又因為學歷低和未成年，到社會上只能從事勞力或跑腿的基層工作。此後，在社會上為餬口謀生奔波了十八年之久，自水泥工、雜貨店送貨員、照相館學徒、機關工友，到外商公司的中級技術員，所走過的每一步，都是崎嶇、坎坷。

雖然在這樣絕望的情況下，我仍然不斷閱讀自己喜好的書籍。我曾讀過曾國藩編的《經史百家雜抄》或像《史記菁華錄》、《文心雕龍》之類的中國古典名著。我在臺北市早期的牯嶺街舊書店的廉價古書堆中發現它們，立刻掏錢將其買下；但在閱讀時，只選自己能讀懂的，其餘就暫時擱下。

我不曾想過要請教別人（當時周遭也不可能有可以請教的人），但我認為別人能讀懂，一定是有方法可循，不然這些書不就成了無人能懂的天書？面對這些千百年來，無數古人已讀過的古典名著，雖然短時間內，可能還無法全懂或深入，但我一點也不擔心，深信只要時間夠，一定可找到破解書中奧義的有效途徑。於是必要的治學方法書和實用的大型工具書，視需要立即添購，也隨之成了恆常的購書習慣。且此癖形成之後，雖歷數十年，仍一如往昔。

我也花錢買了大量翻譯的西洋歷史名著、長短篇小說集和哲學書籍，藉以來進修史學和文學方面的素養。法國小說家羅曼羅蘭和舊俄小說家托爾斯泰是我最喜愛的作家。而希臘悲劇的感人劇情和《柏拉圖對話錄》中對蘇格拉底的生動描述及其臨死泰然自若的莊嚴風範，都深深影響了我日後的治學思考和行事風格。

藉著報名文壇前輩穆中南先生辦的「寫作函授班」，讀了相關函授的文學資料三個月後，自覺練習文學的寫作技巧已略有增進，於是開始在每期的《文壇》月刊上發表大量關於世界文學的評論，和短篇散文創作。但半年之後，發現自以為已累積了很豐富、甚至可以取之不盡的腦中材料在持續地大量寫作和發表下，居然很快就耗光了。

當首次出現知識方面的不足感，對西洋文學的專業素養不夠的警訊立刻接踵到來，令我為之震驚和心虛！當下我便在心裡告訴自己：「我還沒準備好，我還要有更多的準備，我還需要有更長期的淬鍊才行！」於是我不顧穆中南先生的一再勸阻，自動終止了第一階段的文壇筆耕生涯，再度進入先前已有經驗的自行大量閱讀的日常作息。

此後，生活中除了工作外，其餘時間就是用來讀書。因此常覺與古人為友，非常容易知心，也不會如現實生活中，常遭外界投射鄙夷或歧視的眼光。因此，讀書就是我長期孤寂生活中的最大安慰和最大樂趣。日後（一九九二年），我還曾把此時的一部分個人作品集結成書，取名《世界心靈的探索》，封面的副標題是「無悔齋青春讀書錄」，交由當時由吳武夫先生所新創的東宗出版社刊行。

不過，有一次吳武夫先生突然對我說：「……你雖很會讀書和很長於思辯，但你還未領略過擁抱真正美女的無比銷魂，也未嘗過飲高級美酒的難忘滋味！」我堅定的答覆：「這兩者都不是我人生中，所要追求的最高目標！所以，我對菸酒一概不沾。」

六十年代初期，因家貧輟學，由母親的五妹，即我的臺北五阿姨介紹，在一位從南部來臺北從事建築業的小包頭手下學習泥水匠的工夫，每月還有五百元薪資，但工作之勞累與危險，絕非你們所能想像。

我在這裡只想提提各位絕不會有的一種人生初體驗。我有次被派去著名的圓山大飯店，去清洗飯店旁的游泳池排乾後的磨石池壁，之後還上一層防水油。我獨自一人在入夜去，在半黑中工作到很晚，幾乎沒有人注意我的存在。

我注意到幾件事，印象深刻，一是池邊撿到很多小美冰淇淋的空盒，我首次看到這種能防水的紙容器，便撿很多，洗乾淨，在收工時帶回家。二是飯店內的大廳，燈火通明，有樂隊嘹亮輕快的演奏，而一對對盛裝的男女隨著音樂節奏在相擁跳舞著，是我人生第一次見識到。三是在泳池不遠的黑暗草坪中，有外國男性帶著臺灣女性熱烈地親熱交歡，是我第一次看這種現場的異國活春宮演出。

我為避免驚動彼此，只得低頭工作，可是內心百感交集，不知如何是好。這真是很難體會的人生初體會。

在臺北適應不良，苦悶沒有出路，回大溪後，家人不諒解，鄰居也嘲笑，我羞愧難當，一度想尋短，投河自盡。黑暗中洶湧翻滾的大嵙崁溪潭水，令我畏懼退縮，不敢躍入波濤，了斷此生。可是也無臉回家，就在潭邊雜草叢坐著，半睡半醒，直到天亮。正當我不知何去何從時，母親與鄰居多人來到潭邊找到我，強行帶我回家，並要我下跪發誓，絕不再有類似自殺之舉，我無奈之下，只得點頭答應。

失業在家，坐困愁城，簡直生不如死。幸好，多年未回家的父親，半夜又醉茫茫的突然回家，並在家中地板上呼呼大睡，任憑母親如何在旁對他怒言相向，大吵大鬧，他都充耳不聞。我警覺知道，請父親幫忙離鄉可能是一條可行之路，所以我徹夜未眠，一直等候父親醒來時，請他幫忙。

果然，父親清晨五點清醒，並立刻開門出走，不等母親發覺，想逃之夭夭。我則早已等在戶外的路上當面攔住他，讓他大吃一驚，急忙問我有什麼事？我告訴他，我要跟他去淡水。他坦白告訴我，沒有能力在淡水養活我。我說，我絕不要他養我，只要帶我離開大溪就好，不然我會選擇自殺一途。

他面有為難之色，尋思片刻之後，提出父子擊掌為誓，他可以帶我到淡水，我必須自謀生活，絕不依賴他。我毅然答應，雙方便立刻互相擊掌為誓。從而，我才又能離開大溪老家，沒有攜帶任何行李，與父親像逃難似的一起來到淡水。我的人生命運，才出現另一次轉機。

第二部

走出大溪

淡水人情

十五歲那年，我在淡水，一度受僱於市場邊的那家大雜貨店，當送貨小夥計。

雜貨店的生意，早上最忙，顧客進進出出，宛如潮水般地沒有停歇，樂得櫃檯上的老闆娘滿臉含笑地收錢、找零錢並和熟悉顧客打招呼。特別是淡海來的馬先生，負責蛙人部隊的伙食採買，交易量極大，老闆娘一看到外面軍方採買車停在店口，趕忙走上前，親熱的叫著：「馬先生早！馬先生早！」唯恐怠慢，失了禮數。馬先生待人和氣，買東西很少挑剔，因此店中的夥計個個喜歡他。逢著廚房欠缺什麼，一通電話打來店中，立刻就有人騎腳踏車送去。誰有空誰送，也不一定輪到誰。

民國五十年春節前夕，我送花生油一桶去淡海的部隊廚房。我速度飛快地趕到，伙伕看到我這麼快，掀開熱氣騰騰的竹蒸籠，拿出一個大饅頭請我。我嘗過這種饅頭的滋味，的確很棒，淡淡的甜，有彈性，比街上賣的白鬆鬆的饅頭強太多。

我啃著饅頭，正要走出廚房，有人叫我：「小弟！請等一下！」一看，有個年輕的軍官喚住了我，向我招手。我以為有什麼吩咐，就跟著他去。到他的宿舍，他從抽屜中，拿出一個紅包，說：「這個送你過年！」我大感意外，不過還是接過來。對他鞠躬道謝後，我就退出，再去廚房前騎車，帶空油桶回店。我心裡充滿好奇和喜悅，萬萬想不到有人送我壓歲錢，而且非親非故，只是曾在店裡見過一、兩次面，連姓名都不知道的軍官。

不過在營區時，我不敢抽出來看，以免恰巧被發現，就尷尬了。另外，老闆娘平時一再叮嚀，入營區不可東張西望，不能到處亂闖，否則挨了槍彈，誰也擔負不起。因此騎回半途，經油車裡高爾夫球場門前，我才敢從褲袋裡掏出來看有多少錢？紅包內是兩張嶄新的拾元新臺幣。而我當時在雜貨店的薪水，每月才五十元，約等於我的半個月薪水。這實在是很大的人情。

我出身農家，清苦日子過慣了，幾不曾有五塊以上的零用錢。過年的壓歲錢只是借孩子放放，一點也不能花，馬上就被收回去。至於薪水，依然要一五一十地繳到母親的手中。可以說，從來不曾擁有的私錢，如今居然憑空獲得，該是如何興奮！腦中立刻想：要不要告訴別人？不！還是不講，以免被拿走，或要破費。至於家裡，則仍須考慮、考慮。我總該有一點自己的錢吧？翻來覆去，亂成一團。

我後來決定，過年時用那二十塊買件新夾克穿。一直穿了好多年，我還覺得它有紀念性捨不得丟。問題是，過年不久，我就離開淡水，到臺北市工作了，再也不曾碰到那位曾送我紅包的青年軍官。如今我已回想不起他的容貌，只有他那筆直的軍褲、黑亮的長筒馬靴，以及文雅的外表，依舊縈迴腦海中。

幾十餘年過去了，不知名的淡水大哥，你在哪裡？

雜貨店的工作是在上午忙碌時，在店裡幫忙，以後的時間，不是聽電話送貨，就是在店裡打雜，直到夜晚打烊為止。這樣的工作對於來自鄉下的我，是新鮮而有趣，儘管忙碌，也不覺得累。更令人興奮的是，在這樣大的店裡做事，可以接觸到各色各樣的人，三教九流都有，包括美麗的少女在內。

自己雖是區區一店員，卻也算是店家的代表，心裡頭有半個主人的虛驕感，因此凡來到店裡的少女顧客們，都敢自自然然地加以端詳，或在買賣時獻殷勤，藉故攀談，或是在客人走後與同事品頭論足。不過，別的店員年紀都比我大，不但有愛情的經驗，甚至有好幾個對象在交往中。我是新進店員，不論年齡、經驗都是後輩，大半時間只能盼聽別人的經驗和逸聞，輪到要談自己的事，不是臉紅難以啟口，便是藉故避開不談。我為什麼要將心頭的祕密和別人共用呢？

那個美麗的姑娘，我始終不知道她的名字。她的年紀看起來和我相差不多，也可能比我小一點吧？她住在淡海，是一個農家的姑娘，個子不高，嬌小玲瓏，記憶中，每隔一兩天就來店裡，撐著一支美麗的花洋傘，穿著白色的洋裝，甜蜜的笑容，始終流露在臉上。只要看到她一走進店裡，就像黑暗中點亮燈光一樣，我整個都被吸引住了，不管多忙，一定想辦法迎上前去，問她需要什麼，直到她離開前，我不會走開去忙其他事。

她是店東的遠房親戚，感覺上雙方都很熟悉，往往也會聊一些買賣之外的問候語。但是，我不曾問過她的姓名，也不曾向老闆娘打聽，我似乎沒有想到把這件事明朗化，只當作是一件甘甜的祕密，不願與人分享。至於別人是否瞭解我的心事呢？我更沒有想到這一層。日子就在這種充滿快樂的期待中過著。

孰料在冬季的一個停電的雨夜，店裡提早打烊，老闆娘在櫃檯結帳，其他店員坐在一旁聊天，當時談些什麼，已經記不清楚了。突然，結完帳的老闆娘對著我發問：「你是不是喜歡常到店裡的那位小姐？」簡直是晴天霹靂！老闆娘怎麼會問這件事？再看看周遭，其他人停止談話，都注視著我，臉上流露著看熱鬧的惡作劇表情。

「是呀，說出來聽聽嘛！」有的人居然趁機起鬨。我尷尬的陪著笑臉，硬著頭皮撐下去，就是不肯說。僵持中，我是尷尬中帶著甜蜜，因為迄當下為止，並無什麼難堪的成分在內，關鍵只是我要不要和別人分享心頭祕密而已。

老闆娘似乎是一個胸有成竹的熟練獵人，她針對不同的獵物特性，施以不同的狩獵技巧，非常篤定地等待獵物的自投羅網。她半鼓勵半誘騙地說：「你如果不講出來，也沒關係。不過，她是我的親戚，她父母方面我應該可以說動幾分，你不要我替你美言幾句嗎？她年紀還小，大概要等幾年後才談這件事。如果你當兵回來，她還沒嫁人，阿巴桑我可以替你作作媒。怎麼樣？考慮清楚了沒有？不好意思說，點個頭也行！」這番話合情合理，讓我根本難以防禦，再也無法堅持原先的態度。

雖然一顆心仍七上八下地怦怦跳，在眾目環顧之下仍略感為難，但一思及將來可能要借重老闆娘的面子去幫忙，只好豁出去地用力點了頭。就像一場偉大的狩獵行動，獵人在與獵物的較智中，獲得精密計算下的預期勝利一樣，老闆娘扮演的獵人成功了！整個店裡爆炸似地掀起了一陣笑鬧聲，許多人笑得東倒西歪，講話不連貫地指著我：「你！你！哈、哈哈……」

我想，人們在惡作劇中所能獲得的殘忍的樂趣，再也比不上像這樣高明的作弄了。他們在合作無間下，讓我自動解除心理防線，將自己最純真、最甜美的心底祕密，瞬間轉化為眾人面前的大笑料。幸好，老闆娘抑制了她的表情，仍維持著淡淡的笑容，使我整個情緒沒因被欺騙的感覺而失去了控制。她的冷靜使我還能體會到人性中的一絲溫暖，使我在無從分辨她的誠意真假中，勉強維持了一線自尊，漸漸從面紅耳赤的困窘中，將激動的情緒穩定了下來。

已經二十幾年了，我對當時老闆娘的冷靜表情，仍然無法忘懷，那當中似乎有一些親切感。可是她先前所導引的惡作劇又無可置疑，兩者交纏之下，我不曉得要恨她？還是感謝她？

這件事發生後不久，我的姨母就到淡水來找我，帶我到臺北的公路局做事，淡水的一切，也就成了昨日黃花。

二十年後，我考取研究所，才再度和同學到淡水旅遊。舊地重遊，一切都改變了。市場邊那家雜貨店已變成委託行，專賣高級服裝和其他舶來品。店中的人，沒一個認識的，父親也早就離開淡水了。剩下的，只是個人心中的記憶，我不講，就永遠消逝了。但是這個沒有結局的感情，卻是一生中最美好的記憶之一。因為它沒有屈辱感，不必看人臉色，雖然發生了那一場笑話，感覺上仍是甜蜜無比！謹以此文，紀念那永不再來的青春戀情。

這裡沒有小姐

十六歲時，我曾在位於臺北市重慶南路一段五號一樓的公路普查小組辦公室當工友。對面就是臺北市第五分局。我看到詐騙的行為，每天都在街頭上演，但我從未受騙，只是感嘆：社會就是狡猾的聰明人，靠掠食無經驗的弱者為生。精明的人，無道德感的人，能騙就騙，能拿就拿，毫無顧忌，也沒任何罪惡感。

此外，我當工友第一天就鬧出一個大笑話。世紀前的臺灣北部農村小孩其日常生活中，不會聽到鄰居左右的長幼女性被稱作小姐，一定是稱呼某某姊、某某嫂、某某嬸、某某姨、某某姑、某某婆之類，不然就是直接稱呼她的名字，或綽號、小名。我初上班的上午剛進辦公室不到一小時，桌上的電話鈴聲響了，持續好幾聲。我出生到現在，都沒拿過電話筒，辦公室裡的人我都不認識，所以我不敢接聽。有位吳增豫工務員轉過來對我說：你拿起話筒聽聽看，到底是誰打來的？看要找誰？

我有點緊張，拿起話筒說：這裡是普查小組辦公室，請問你要找誰？對方說：我要找韓小姐，你請她接電話。我看來看去，辦公室只有一位快五十歲的女職員而已，並無任何其他的年輕女職員，所以就很自然的回對方說：我們這裡沒有小姐。

吳增豫工務員聽我這樣回答，立刻問我：她找誰？我說要找韓小姐。吳增豫工務員立刻說：韓小姐就是她呀。他指著那一位快五十歲的女職員，對我申斥教訓。而那位韓小姐尷尬的走過來說：我接、我接。

從那天下午之後，我那句闖禍的不得體回答「我們這裡沒有小姐」就成為整個辦公室的笑話，還一直流傳了五年之久。任何時候，有人想開我的玩笑，就會當著我的面，故意看著某位上年紀的女職員說：「我們這裡沒有小姐！」於是，大家就笑得非常開心。

有關辦公室內的春藥這件事，也是發生在我第一天上班時。當天下班，我正收拾辦公室各桌上的文件和文具擺設，看到有一張辦公桌上有一瓶小藥罐，不知作何用途？當時，只有一位工務員還未離開，就對我說：那是辦公室某先生的藥，他的太太很漂亮，所以他每天都要服這種藥，才能應付太太的需要。這是我第一次聽到和看到所謂春藥。

辦公處的一群男性工友中，年紀大的都是從軍中退役下來，年輕的則是來自四面八方。下班後，這些工友有的跟一些有經驗的老工友到處去買春。有的賭博為樂。有俊帥的年輕男工友換裝和化裝出門，據說是去讓舞女包養。只有我這種鄉下土包子，才會想留在辦公室內讀書和練習寫作。耳濡目染下，我所聽聞的當年底層的色情業和相關春藥知識，可以說從新竹以北，我很少不清楚。

當時很少聽說有同性戀的事，可是那些老兵工友卻很喜歡去嫖男妓。我好奇問說，特別之處何在？他們的回答是：男妓肛門是圓的，所以是完全接觸的摩擦快感。而女陰是上下裂開的，是不完全的快感接觸。這就是我當初所了解的第一課。

我生平很苦惱的事情，就是有些事我懂很多，甚至多到一般人很難望其項背的程度。可是，有些事卻比一般人知道的要少得可憐。我當工友才首次讀到我五姨的長子、和我年紀差不多的臺北市青少年男孩，偷塞給我看的小冊本黃色小說，但，很快我就沒有興趣了。因為書中所描寫的重複性活塞動作太多了，令人像動物一樣的行為，我就不想再看。可是，其他的，我也所知甚少。

中和靠近圓通寺附近有公路局的訓練班宿舍，我若未回桃園大溪老家，就會前往宿舍過夜。宿舍中的住宿者真是藏龍臥虎，我第一次看到通宵不睡的勤奮讀書人，就是在此宿舍內親眼目睹。因而後來我也一度仿效，徹夜讀書到天亮。

我有次還鬧出一個大笑話。因為宿舍只有一個長條形的沐浴澡堂。所以夜晚是公路局車掌小姐先全部洗完澡之後，再輪到男性進去洗。而我晚歸，去洗澡時，只有我一個人。可是，當我脫下衣褲要去掛上，赫然發現，浴池旁邊的一個大垃圾桶內有一大片鮮紅的染血衛生紙，我以為一定有人受了重傷，才會血流如注這樣可怕的樣子。我立刻穿回衣褲，衝進宿舍內，結巴巴的大聲說，浴室內發生命案啦，有人受重傷，流血很多。大家立刻跟我跑回浴室去看個究竟。我便向大家指著垃圾桶的那一大片鮮紅血跡的衛生紙。可是，我立刻被大聲笑罵道：你這土包子，混蛋加三級！你不知道這是女人的月經啊？

我雖羞愧難當，可是也莫名其妙，因為還是不清楚到底女人的月經是怎麼回事啊？直到後來，我才向我認識的一位上班中年婦女請教，她才清楚的解釋給我聽。唉，我真丟人！丟人死了！

青春玫瑰心影

玫瑰多刺、紅玫瑰、白玫瑰、黑玫瑰，玫瑰、玫瑰，我愛你，這些詞彙和歌詞，大約就是一般人對玫瑰這個概念和語彙的全部知識。至於玫瑰還有各種顏色和不同的香味，就不是一般人能知的。這是專業種植玫瑰的花農，或在臺北市各鮮花店的經營者，才能弄清楚的。但，我為何會知道這些呢？

我當工友到當兵為止，前後五年上班期間，從星期一到星期六，每天早晨六點半，我會用免費票搭桃園大溪公路局頭班車，往北出發，經第一板橋、第二板橋、虎豹坑、三峽、土城、江子翠、萬華，到臺北市西站下車。所以我一定有座位坐，還可以趁機先占住旁邊的另一空位，司機和車掌小姐都不會干預。

車經虎豹坑站時，必有當地一位專業玫瑰花栽培者，抱著兩大包新摘下的各色玫瑰花苞上車，他會立刻將其中一大包交給我，在坐到我旁邊的空位前，還會交給我兩小五枝一把的各色玫瑰花苞。然後，我們就和鄰座的熟悉乘客開始暢談起來。

這兩小把玫瑰花苞成為我的社交利器。我會視需要分贈給車掌小姐、同辦公室的小姐，和每天同車到臺北市公家機關上班的職業婦女。每天中午，我到開封街走廊下的牛肉攤吃清燉牛肉麵時，都有一位穿著談吐都非常優雅的中年職業婦女作陪，年紀雖大我一倍，但雙方交談無礙，不牽涉任何私情，是忘年的異性知己。我是很好的傾聽者，也善於應對，談話可以五花八門，非常豐富。我對於當時的職業婦女的內心世界之瞭解，遠超過同年紀的青少年。

蘇格拉底門徒的自白

一九六二年是公路局的黃金時代，例如橫貫公路的開鑿時期，就是我們局長林則彬先生，一路陪著蔣經國從谷關一直走到天祥。我們辦公室的三樓是新建工程處，處長方恩緒先生的女兒方智怡小姐，後來嫁給蔣經國的兒子當媳婦。我當時上班期間也常在樓梯與著名的臺語歌星吳晉淮先生，互相擦身而過。不過，他當時只是新工處的職員而已，下班才到外面歌廳唱歌。

在福利部門服務的空氣槍頂尖高手馬晴山先生，常表演射氣球和香菸娛樂我們，但是他在東京的世運會上，設法讓原本奪牌希望甚濃的楊傳廣先生中計服下瀉藥，導致楊傳廣因連續嚴重腹瀉，身體極為虛弱，因而成績退步到第五名的難堪場面，使最初不知原委的臺灣民眾都非常錯愕和失望至極。不過，另一位也在福利部的劉先生，他的女兒就是曾獲世界小姐選拔第四名的劉秀嫚小姐，讓我們非常風光。而另一位曾當選中國小姐第五名的馬維君小姐，日後成為小有名氣的女企業家。

至於我，是工友中送公文最快的一位，最喜歡到文星書局買書，也大量買下臺灣商務印書館和正文出版社的各類西洋名著中譯袖珍本叢書，從一本六塊到十二塊，我都有極大興趣閱讀。

由於第二家無線電視中國電視公司即將開播，在臺北新公園的中廣舉辦歌唱人員訓練班初選，我不自量力的跑去報名和試唱，但看到劉福助先生上臺後的神奇演唱歌藝之後，我信心全失，上臺後一聽到樂隊前奏開始，就唱得完全荒腔走板，慘遭淘汰。我改換想法，跑到臺灣商務印書館買一本專講聲樂演唱法的講義教材，開始津津有味的閱讀起來。之後，我就知道我不適合當歌唱家，但本身的歌藝則開始突飛猛進。

我青年時代，在臺灣商務印書館門市部一樓，第一次買到人人文庫版、朱光潛所翻譯的《變態心理學的流派》一書。當時翻開目錄一看，好像遇到非常不吉利的事物一樣，心裡恐懼得不敢繼續讀下去，書拿回家，就一直擺著沒看。如今，幾十年過去了，臺灣社會到處都有精神疾病與心理變態者。一般民眾雖害怕，也不知如何去面對。所以，我除了讀一些有關《精神病學》，《犯罪心理學》的書之外，也開始閱讀最新版的《異常心理學》世界名著，或《變態心理學》。

十六歲時正逢青少年最徬徨時期，有幸遇到蘇格拉底，從此改變了我此後人生的一切價值觀與認知。當時，我偶然在正文出版社買到一本才八元、由胡宏適翻譯的《柏拉圖對話錄》。這是文言文，可是文筆流暢優美，全書雖只八篇，每篇都有詳細注解。此外，還買到陳康教授詮釋的《柏拉圖理想國》全譯本。我完全被迷住了。我此後的思維和人生見解，就是由此確定。可是，我為何會對《柏拉圖對話錄》發生如此的興趣呢？其實是來自當時閱讀《蒙田論文集》的震撼所導致。

我和很多人一樣，喜歡讀法國著名散文家蒙田的《蒙田隨筆》，和英國哲學家培根的《培根論文集》。這兩本書中，都有一篇談到死亡的問題，而「論哲學就是學死」這樣的文章篇名，就是出自《蒙田隨筆》。我還年輕，恐懼死亡，看到這樣的文章篇名，就像看到鄰家在辦喪事一樣，既害怕又討厭，恨不得馬上把書丟掉，不要再多看一眼。可是另一方面，又有很強烈的好奇心，想看這位名作家如何論述這個主題？於是，強忍著害怕和厭惡，慢慢開始讀。文章一開始就提到：「西塞羅說：『哲學就是學死』。」我根本不知西塞羅是誰？為何他要這樣說？

後來我知道，西塞羅是羅馬共和時期的政治家、哲學家、最偉大的演說家和拉丁散文家，總之他是拉丁文散文寫作的最佳典範，是將希臘哲學羅馬化的最佳詮釋者之一。但他的悲劇是，雖討論《柏拉圖對話錄》中的蘇格拉底被判喝毒汁死亡的問題，他自己也被凱撒的大將安東尼捕殺。所以，那句「論哲學就是學死」，就如日本武士道中的死亡哲學一樣，是哲學家和武士在其生涯中，無法逃避的問題。

這就是我青少年時期的公民教科書，而我此後的一生都受其影響。也就是說，我以後的人生歲月，就是對此的更進一步深化學習而已。蘇格拉底的死亡哲學觀念，我可以說，比任何其他臺灣青年更早啟蒙和長期持續學習迄今。

胡適的死亡和李敖的崛起旋風

我的認知視野出現巨大轉變，是在一九六二年。當年胡適在臺北市南港中研院院長任內因心肌梗塞猝然逝世，由於牽涉到胡適對於中西文化觀點的強烈爭議，於是由年輕且親胡適學術觀點的臺大歷史所研究生李敖，在當時最具影響力的《文星》雜誌為胡適辯護，導致一群反胡適觀點的著名學者像葉青、鄭學稼、胡秋原、徐復觀等人，隨即提出針對性的反駁論述。

於是第一次大規模中西文化論戰，便在雙方的連續攻防中如火如荼地持續進行著。其間又牽涉人身攻擊的毀謗訴訟，因而經常被臺灣報紙大量報導，在社會大眾中產生熱烈議論的新聞現象。當時當工友的我，經常聽到大家在熱烈談論此事。不久我也被好奇心驅使，開始經常閱讀這方面的新聞報導。因此，便很偶然地從相關新聞資訊接觸，逐漸深化為持久性的對現代中西文化思潮的狂熱知識追尋。

我從上班鄰近的重慶南路上許多書局門市部，開始一本又一本的買書與認真閱讀。每天利用上下班途中或下班後在寂靜無人的辦公室內過夜時，翻看書本與反覆思考學習心得。不久，閱讀效果便開始顯著出現。我逐漸蛻變成為現代有知識的文化人。

在此之前，我原是一個才從鄉下到臺北市辛苦謀生不久的失學者，同時也是一個原本根本不識中西文化論戰為何物的無知青年。但是，由於如上所述，透過每天努力閱讀新聞和不斷地找人詢問，居然被此一中西文化論戰的相關問題意識所激發，於是我心靈中一扇通往五四文化之門便為之開啟。而我一生求知最大的轉折點，也在這樣深刻影響下逐漸形成。

練字、習字

之前提過，我就讀大溪國小期間，字寫得醜又懶得交作業，不但常被任課的老師處罰，同時在同學間也常傳為笑柄。故此處再論我寫字如何從極醜練到端正的轉變歷程。

由於我中學沒讀完就出外做事，所以多年後，當我把字練好了，並以信件和小學要好的同學聯絡時，接信的同學一看署名是「江燦騰」，如今居然已把字體寫得如此端正優美，通常都會大吃一驚。甚至同學初次聚會，聽說我的字寫得不錯，也會流露出難以置信的眼光。於是，非得讓我當場露一手來證明，否則是不會相信的。

其實，我也不是突然心血來潮就把字寫好了。我是因「需要」，才想到要寫好字。請人打字很貴，公路局養路處臨時僱用許多位字體清秀端正的繕寫員，一式五份地執筆複寫，按件計酬，每件五塊臺幣。一般公務員月薪不到二千元，而繕寫員手快者，每天有百餘元的收入，因此也有不少人透過關係來臨時打工，賺一些外快。我當工友的月薪包括加班費，每月領不到八百元，也想客串抄寫，賺一些外快。

於是我請示主管可否？他的答覆是：「字太醜，不可以！」若反過來說，則顯然的，他的意思是：只要我把字練好了，也就一切沒問題了，能有外快賺了！這簡直是太令我振奮了！故我下決心把字練好。

問題是，若我早知道如何把字寫好，也不會苦了小學那六年。如今心裡雖急，又如何能立即改善呢？我先盲練、勤練了一星期，手指都寫破皮了，還是沒一點進步，但每天會特別去注意街上招牌或公文書上有哪些漂亮的字。

首先成為我仰慕的字體，是直屬課長張浵先生的漂亮鋼筆行書，真令我嘆為觀止！可是，那境界太高，一時難以企及。後來看到繪圖室的工程師們居然用鴉嘴筆和米達尺，就可以畫出各種如印刷效果的整齊工程字，心裡也同樣嘆服不已。但當陳神保工程師要收我為徒，說要教我「明朝體」的寫法，又覺得非生平志向所在，馬上加以婉拒。因我還是想找適合自己的字體來學。就在這樣急於嘗試的焦躁當兒，我突然憶起國小寫毛筆字的事。

那時因新的習字作業規定要在教室當場寫、當場交，我為了補救字寫得醜這一窘局，自作聰明地將標準字帖放置作業紙下面，然後用毛筆在紙上照著描，描出來的字體居然有模有樣，還看得過去。可是，照學校規定，習字是用「臨」的（放置一旁看著寫），不許放在紙下「描」，否則即屬違規，會被罰。不久後，我被當場逮到，還遭受老師重重的打手心懲罰。

那次靠「描」帖使醜字變好的嶄新經驗，畢竟記憶深刻，如今又突然讓我回想起來。我當時的盤算如下：既然過去單靠臨時用「描帖」的救急辦法，即可使醜字快速變好，如今為何自己不再試試？

於是我到重慶南路上的文具行，挑選了幾種字體清秀的「毛筆小楷字帖」，利用各種空餘或下班時間，認真的獨自練了起來。我連寫了幾張紙後，果然字型改正的效用已明顯可以看得出來。心裡高興之餘，也就更勤快地持續練下去。這還是我生平第一次真正感受到寫字所帶來的快樂呢！更奇妙的是，一旦排除過去害怕寫字的心理障礙以後，彷彿眼睛跟著亮了起來，會到處看公文書的字體究竟是何人筆法？是端正？或者潦草？遇有喜歡的字型不免多看幾眼，並將其採為範本，私下就練了起來，然後再請人看看：是否有點類似？如此著迷的結果，不但街頭招牌上的各種字體成了模仿的對象，自己所寫的字也更為有模有樣了。

大約一個半月之後，同辦公室的人已看出我勤練的效果，便鼓勵我繼續練下去；到了第三個月中，我居然也通過考驗，允許加入資料複寫的行列，開始有大量外快賺了。事實上，經過半年後，我不但已能將複寫資料寫得又快又好，連刻鋼版的油印字也相當不錯，這既使我賺外快的機會更多，同時也漸漸享有一點「會寫字」的小名氣。如今回憶起來，自己彷彿是經歷了一場難以置信的心理變革！

然而，另一方面，我也發現：傳統中國的童蒙開筆習字，都是從「描紅」著手。亦即，座師先以紅筆寫在紙上，兒童再以黑墨用筆在「紅字」上描，等熟練了，便改以臨帖來習字，以精通各家之長。這也是許多來臺的退伍老兵雖識字無多，然一旦寫起「春聯」或活動通告，大筆龍飛鳳舞之下，字形個個都能有一定的匀稱架構，縱不秀美，也頗有可觀之處。這也是我常看到和詢問得來的。

我不禁聯想到：我不就是遵循「古法」的「描紅」練字之道，將醜字變好的嗎？既然如此，小學老師不許我用「描帖」練字，難道一定對？我很懷疑。但，不論如何，如今我很慶幸：人生學習的途徑其實不只一條，縱使初時不順，但不代表從此就永遠無改善的可能和機會。我很希望以上習字的成功經驗，能對一向為字醜而煩惱的人，有點參考作用。

入伍前

一個週六上午，從臺北捷運總站的地下樓層，搭升降梯到地面一樓出口，再轉往臺北車站搭高鐵的這段途中，陽光顯得特別燦爛耀眼，微風輕拂，涼爽怡人。多年以前的青年期往事，雖已大大變遷，我卻仍可以清楚回憶的熟悉環境，歷歷如在眼前重現。

在我視線對面是原懷寧街一號的公路局總部辦公大樓。當年，大樓的每一出口，每道樓梯，每間辦公室，大部分的上班公務員，我都非常熟悉。週日上午，我渾身灰塵的爬坐在大樓外無防護的水泥框上，認真的擦乾淨玻璃上的塵土。這種錢沒有人願意賺，因為太危險，而我小時會爬樹，長大需要增加額外收入，所以每扇五十元工資，我就幹，每個星期天，有兩三百元現金收入。

我唯一羡慕的是，在公路局東站與火車站的廣場上處處都是假日裝扮的青年男女，臉上神情輕快。這才是青年的快樂時光。而我所擁有的，卻只是人生中，極為苦澀與骯髒的一些青年回憶而已。

我如今看別人家，兒子當兵的夜晚，通常都有母親陪吃晚餐，而我當年的經驗又是如何？我依稀記得，好像是在一九六六年九月秋天，入伍當空軍義務役的新兵。在此之前，我已當了五年的工友。這個工作是花四兩黃金才獲得的。那五年期間，我也的確不知賺回多少倍當初付出的金額。說起來，我其實沒有吃虧呢。我也是因為做了這份工作，才能逐漸真正瞭解並精通當奴才的所有本領，更有機會學會一切公文寫作技巧，看懂任何潦草筆跡。更重要的是，經歷了胡適死後，李敖與《文星》的那一段中西文化論爭史。這是我最重要的文化意識啟蒙期，我有這樣的知識新浪潮洗禮。去當新兵，又正逢中共毛澤東發動「文化大革命」第一年，而臺灣官方則有中華文化復興運動出現作為對抗。

以我當年的健筆文才，我的確堪稱知識淵博、具備過人的論述能力，這些本領若和軍中一堆本省籍士兵們相比，等於是人中之龍，也輕易成為軍中相關政治課考試的超級大高手。

可是，在我入伍報到當天早上，沒有任何家人作陪，我是獨自前往。我退伍當天也是如此。當時，我大哥已結婚了。二哥當海軍，還有六個月才退伍。為了這段六個月的家中生活費所需，入伍前一晚我拿出積蓄，二萬臺幣，八百美元，二兩黃金交給我母親。若非如此，這些錢用來購買大溪新公路局車站附近廉價土地，如今我早已是億萬富翁。我建議一位司機標會買下一些，後來他因此成為大財主。

如今我講這些，有何用處呢？我不清楚，就是不忘得提一提而已。

從王少校到水月法師

一九六六年底，我在臺中水湳機場的人事室，遇到了官拜「空軍少校」的王俊嶺少校。那時候我是「二等行政兵」，剛從虎尾新兵訓練中心結訓，被分發到臺中水湳機場服務，由於我的字跡端正，富文書經驗，報到時，在第一站「人事室」的第一關李耀光少校處，即被留了下來。而王俊嶺少校亦在人事室任人事官，所以成了「同事」。

因緣的形成需要薰習。為什麼我和王少校的認識會開啟了我日後研究佛教學術的契機呢？那時的我，根本看不出我有研究佛教學術的可能性。一直到當兵為止，我正式學歷只是初中一年肄業。而我對佛教的理解，只是在桃園大溪老家，鄰居有人每天早晚誦經的印象，以及鎮郊東南邊蓮座山觀音亭的禮拜觀音菩薩而已。

幼年時期，家中正廳貼有南海觀音坐於竹林座上，浮於大海波濤中，善財、玉女分立兩邊蓮花上向觀音菩薩禮拜的畫像。這原是本省北部農家習見的神畫，和關公、土地公、媽祖等是畫在一起的。我每天早晚都要燒香，不但成了習慣，且的確感到心靈中有種安定和寧靜的力量。特別是，由於家庭變故，我有一段辛酸和淒苦的童年，當我感受不到家庭的溫暖和遭受鄰人、同學的歧視，心中徬徨無依時，我即到蓮座山觀音亭去禮拜、去聽山下的溪水波濤聲，獲得苦悶的紓解。

當然，像這種信仰方式是樸素的、感性的、直覺的，雖仍具有生命力和實在的內容，卻對佛教義理的深奧知識一無所知，連佛經的梵夾本，只被視為神桌上的供物，神聖的象徵而已。而其中的文字障礙和傳統信仰加諸其上的崇高、神聖性，使我只能對它膜拜，不能作知性的理解。

多年後，我在竹北街頭遇到一個賣水果的婦人，她要我講她常念的佛經中的道理給她聽，水果免費任我吃，我才知道，在樸實的信仰背後，人類的求知本能是會探索信仰對象的內涵，不論他是學者，或鄉下未讀過書的婦人。但是，要跨越文字的障礙和進入抽象的哲理世界而能優游自在，談何容易？這個困難，相信許多開始研究佛教典籍的人，都會面臨，我也是其中一個。

我終於還是跨了進去！這個關鍵就是和王少校的一段相處，才正式開啟。否則我恐怕迄今，心頭仍在懷疑：為什麼海中的觀音菩薩不會沉下去？祂不需要吃飯嗎？……這類可笑卻百思不得其解的謎題。

王少校到底告訴我什麼樣的佛教義理呢？我記得他那時雖身穿空軍少校官服，卻理個大光頭，有一對濃眉，戴金邊眼鏡，白天上班，精勤治事，效率之高，堪稱室中第一。下班時，則自理伙食、吃齋，並勤奮攻讀佛典，天天寫日記。他告訴我，他在研究佛教的「因明」（佛教邏輯學）。但，什麼是「因明」？我完全不知。我只知道，他提過陳大齊先生的名字和著作，可是我也不知誰是陳大齊，或他寫了什麼樣的書。不過，為什麼他會對我提起這些呢？我好奇地問他原因。

在基地人事部門的同事中，像我這樣的「充員兵」有五、六個之多，然而，他們都不像我喜歡讀書。因為我雖已輟學多年卻仍自修不懈。在當兵那年，我立志當法官，已自修四年的法律課程，並通過「法院書記官」的資格檢定考試，還報名「文壇函授學校」課程，練習寫作。我具有相當的語文基礎，又是著名的「政治課」考試的高手。我寫的論文參加軍官、士官、士兵三級的競賽（軍官、士官，以他人名義參加），全部同時入選獲獎。以這樣的顯赫資歷，使我的言行很受矚目。以後我和王少校的談話內容，會逐漸加深，應也與這有關。但，我日後從一個初中一年級的肄業者，一躍而成為正式研究生，這當中實有太大的距離。我想，當年軍中的那些同事，不論怎樣富於想像，大概也無法預測我會有這樣大的變化吧？

說來有點不可思議，我和王少校的共同話題，其實是由李敖的筆墨官司談起的。當年的李敖以他的文章熱情和淵博的知識，的確讓社會上無數人傾倒。特別是他在《文星雜誌》撰寫，並掀起激烈筆戰的系列文章，令我初次對中西文化的問題有了極大的興趣和思考。由於涉及許多「五四運動」以來的成名學者，我卻毫無所知，透過王少校之口，我知道了梁漱溟、熊十力、湯用彤和方東美等學者的名字和著作的名稱，並趁著假日，到臺北市的書店購買他們的著作。其中，梁漱溟的《東西文化及其哲學》、熊十力的《佛家名相釋要》、湯用彤的《漢魏兩晉南北朝佛教史》，以及錢穆的《國史大綱》，便是我接觸中國傳統文化和佛教史的啟蒙課本。

王少校雖曾向我介紹一些背景，但閱讀它們和理解則靠我自己摸索。我的治佛教史並無任何師承可言，直到今日，依然如此。可是，若非當年王少校曾提供了一些相關的背景知識，則可以斷定我少有可能接觸或深入地閱讀它們！這一因緣至關重要，它影響了我日後的整個治學方向。他還介紹我去聽大名鼎鼎的李炳南居士講《金剛經》，地點就在水湳機場附近一個大稻埕上。聽眾老少都有，人們就站著圍在四周，聽他坐著講。雖然李居士名氣甚大，王少校提及時，深懷敬意，但我並不欣賞，只聽到一半，當他開始攻擊科學如何如何時，我就離去。次日，並對王少校表示我的失望。從此我就踏上漫長的自修佛學路途。據說李居士是藍吉富先生在佛學方面的啟蒙師。我和藍先生很熟，也一向欽佩他，但個人因緣不同，因此影響相異。

我也曾在軍中參加隨營的中學教育，幾個月後，參加考試及格，取得一張初中畢業的同等學力證書。我從空軍的三年義務役退伍之後，一直在工廠作事，但在三十一歲那年，因弟妹都已成人，能自立了，我又報名教育廳辦的高中自修學力鑑定考試；及格後，再於同年考入師範大學歷史學系夜間部。從此每天半工半讀，往返奔波於竹北至臺北之間，非常辛苦，但五年在學期間，我的學業成績始終保持全班第一名，直到畢業。

我後來考入臺灣大學歷史研究所攻讀。由於想申請佛學獎學金，我從大學二年級時開始撰寫佛教思想的論文，而其中一篇〈楞伽經研究〉，被刊登在《中國佛教》（第二十七卷，第六期，一九八三年六月，頁五—十三），使王少校發現我的名字。到此時為止，我們已將近二十年未曾聯絡了。

在此之前，我其實曾寫了數封長信到水湳基地詢問，但一無回首。我後來聽說，他在日月潭的某間佛寺出家；可是告訴我的人，也不敢確定他是否就在日月潭出家。我也曾問別人：有一個王少校，曾研究因明，出家為法師，法號不明，但以他的學養，應不會默默無聞才對。可是不管我如何努力，一直都查不到他的下落。人海茫茫，如果沒有正確的尋人資料線索，縱使在像臺灣這樣資訊發達的狹小地區，想要找一個人，也是困難無比！

另一方面，「王少校」又是如何找我呢？在民國七十六年七月十五日出版的《福田》雜誌，曾刊登過這樣的一則啟事：

借郵——致江燦騰居士

燦騰居士惠鑒：臺中水湳一別，近二十年未晤，時相懷念。近幾年想多次音問高山，惜未如願。幾年前，在《中國佛教》月刊看到你的文章（案：即《楞伽經研究》），深慶舊友，不迷風雨，同履佛法一轍。即去信該刊主編大德，希望查到你的位址。但未得到片言回答。因我無藉藉名，沒有受到重視，也是很正常。以後在佛刊上（案：即《獅子吼》），偶見你的報導或文章。怕寫信的我，和前一次遭拒經驗，未敢再探詢尊址。今年春節，在彌勒出版社服務的某師回南度歲，向他提起，希望協助查詢，也無消息。這幾天，我住的茅蓬西閣樓，原存放我一些雜物，因有人要住，需清理出來。不意發現你寫的四封長信，使我再鼓一次勇氣，向《福田》懇借一角。你如看到，請與《福田》雜誌聯絡，好心的編輯，會把消息轉給我。

你知道我是誰吧！

在此之前，我根本未見過《福田》雜誌，也無人轉告我，故上面的「啟事」，毫無作用。

又過了幾個月，一九八七年底，一個北臺灣細雨霏霏的寒冷夜晚，我家中的電話響起，一個陌生的聲音從聽筒傳出：問我是否姓江？曾在臺中水湳當兵？是否認識一個王俊嶺的軍官？我一一答是。然後，她告訴我：這是臺南打來的長途電話，一位法師要和我說話。我一聽：是少校細緻的聲音！雖隔近三十年，仍一無改變。他告訴我：資料是從臺南市小東山妙心寺探悉。臺南市小東山妙心寺有我的檔案，這可能和傳道法師有關，我們曾為佛教百科全書的編輯問題，以及參加「東方宗教討論會」第一屆年會，雙方有數面之緣。

於是，透過這一線索，使我和王少校又聯絡上了。他告訴我現在叫「水月法師」，居住在臺南市的湛然寺。約定雙方以後繼續保持聯絡。而《福田》雜誌上的「啟事」，則是事後他寄來給我，才知道的。

至於臺南的湛然寺又是怎樣的一座佛教的叢林呢？我一直沒聽說過。承佛光山寺的星雲法師贈我一本《臺灣佛教寺院庵堂總錄》（高雄：佛光出版社，一九七七年），在第四四四頁上，有湛然寺和「聖禾和尚」的簡介——湛然寺的說明是：

湛然寺位於臺南市忠義路，緣於民國四十年春，籍隸河北灤縣的慧峯和尚，應臺南市佛教界之聘，首次啟建護國息災大法會於竹溪古寺，三日之中，蒞會參拜者，逾十萬眾，極一時之盛。勝會畢，又受聘講經於天壇諸寺，歷二載餘，法緣所成，聽眾發起捐購忠義路三十八巷十二號為宏法道場，稱「湛然精舍」。一九六七年春，拆除重建為古色古香宮殿式的三樓寺宇，更名為「湛然寺」，構築宏偉，至民國六十二年完成。開山住持的慧峯和尚，即於同年十二月八日，覺滿圓寂。

聖禾和尚的說明是：

法號水月。自一九七四年二月八日選為該寺第二任住持，悉守舊制。覃思因明，講學各校。並經眾議決定，為追念其恩師及達成在新化虎頭埤闢建道場之遺訓，興建「慧峯大師紀念館」一座，供作研究佛學之理想道場。

代筆情書與越級指導寫作

當兵前，我在公路局當工友時曾被人慫恿寫信，去感動一位冷若冰霜的車掌。我從司機知道她的姓名之後，就每天寫一封情書到車站給她，她卻從未回信。我一共寄出一百六十七封，把自己青春期的情感想像完全耗盡。最後，我得到的答案竟是情書深深感動她，值得作為一生的美麗回憶，所以不能退還我。她不能回信是因她所深愛的男友被軍方派遣到大陸從事諜報工作，不久前才知已被中共方面逮捕又被槍決了。

從此我沒有再寫情書了。我的全部情感與想像，只是一場幻滅的美麗泡影而已。

我當二等行政兵時，下班後，與所隸屬的同連部士兵約有一百多人，一起相處活動。我很快就成為連上晨間上市場採購伙食的士兵代表，任滿後還被迫繼續連任，不得辭職。我第二項出色的表現，是軍中政治課會考特優，和徵文比賽的常勝軍，後來連士官級與軍官級的徵文比賽，全由我一人包辦，也全部獲獎。於是開始聲名大噪。

士兵要紓解情慾，有軍中樂園，交易一次臺幣票價十三圓，士官是十五元，軍官是十七元，時間一節十五分鐘。可是，若要交營區外的女友，就要靠雜誌後面的筆友聯絡，寫信給陌生的女筆友。我第一次被拜託代筆，是幾個三重區黑道入伍當兵的同連士兵，他們先買機場小販滷味，以及替我站衛兵，當作交換條件，請我代筆寫信給有意交往的女筆友。

我替三個同袍寫，全有回信，並開始約會。之後，我每天最高紀錄是十一封。第一封從未敗績，這不稀奇。問題是，第二封如何寫？因為不能虛構啊。所以，我要先聽第一次約會時的現場狀況描繪或轉述，才能把劇本往下寫。最難回信的問題是，初次約會的女筆友會來信抱怨，交友信文筆一流，約會時，講話與行為卻都很粗魯。原因為何？這真是太難了。只好要求第二次約會時，要有風度一些。

有時，我也要親到約會地點附近去實際觀看約會狀況，如此才能寫得到味。如此一來，沒有人敢得罪我，大家都要巴結我，孝敬我。可是，我卻沒有為自己寫過一封交友信，也沒有興趣。

我尚未讀大學之前，已能指導小學同學如何寫好作文，甚至能使他從中原土木系考上臺大土木研究所：我的小學同學陳石富，高中是讀第一流的建國中學，但是參加大學聯考兩次，都只考到中原土木系，因此非常沮喪。他對我訴苦，我則勸他在研究所階段，再一決勝負。他報考臺大土木工程研究所時，特別請教我，該如何寫好作文，以及改善字太醜。我建議他：寫字用工程字的畫線寫法，就是筆畫一概走直線，雖不秀麗，但整齊、清楚、容易看。論文的要點如下：先看清題目的真正含意，接著提出題目中可能出現的正面問題、反面問題、中立的問題，然後各段內容展開，就是按此邏輯順序展開解說。而結論就是先歸納前述的各段重點，再簡短的總合整體意見。

總之，就是一直和題目的主要含意，進行各種對話。這樣才是切題。

修辭要點，全文控制在八百字以內。而每句話以不須換氣，可順利讀出為原則。以九個字以內為限，就要打逗點，若超過十一個字，就效果大減。句尾的用字，儘量使用第四聲字。這是針對考改作文的臺大中文系教授，都是朗讀古書的，發聲和默念，語句的節奏，就是如此。

結果，我的小學同學以第二名被錄取，作文成績是第一名。他們全家因此燉了一鍋人參雞湯請我吃，算是答謝我指導有方。

失聯黨員、反共義士與左派書

當兵期間由於表現出色，我被要求加入國民黨，否則一些機密文件要我代為閱讀與代寫心得報告，就無法進行。

入黨之後，我又成為「模範小組長」，因為每次開會，大家都沒興趣，也無人想發言，可是會議紀錄不能空白，上級要檢查，我只好徵得大家同意，由我代替大家發言與熱烈討論，我便拿來當作練習寫劇本，使每一次會議紀錄，都是呈現人人發言踴躍，個個愛國情緒高漲的令人感動場景。於是，我就成為公認的「模範小組長」。而我戴上這個帽子之後，心裡頓時非常解放，遇有急難救助捐款活動時，我就像換了一個人，膽量十足，開始口若懸河，表情生動，所以每次我勸募的金額，都是很不錯的。

當然，像我這樣看來忠誠愛黨的人，不會有人懷疑我是有思想問題的。我因此可以有特權讀一些共匪的原文著作，例如毛澤東和馬克思的著作，還可以閱讀一些由軍方上級指定的相關中共匪情文件。這就是一九九六年，我首次應邀到中國演講時，被有些中國學者稱為「出神入化的馬克思主義者」由來。

在臺灣當兵期間，有軍中榮譽團結會的召開，上級高官會特別召見士兵代表，個別問話，來瞭解下層士兵的軍旅生活狀況。而我總是最可靠的士兵發言代表。這樣一來，我三年義務役期間，無災又無難，平平安安當完兵，又學了一身技術。退伍當天，黨證與黨籍資料一齊交給我，要我回到戶籍地的黨部報到。我則在從臺中火車站買票北上，回桃園大溪家鄉的途中，偷偷在廁所內將黨證與黨籍資料全部撕毀丟棄了。從此，就是一個「失聯黨員」迄今。

我在此時，另有一個意外的認知發展，就是我以合法掩護非法，讀到當時官方嚴厲管制的馬克思與毛澤東的部分相關著作。日後繼續發展，因而最終使我成為一位典型歷史唯物論思維的——中國近代佛教史學研究者與治臺灣佛教史——居於研究前緣的主要學者。當中的相關過程與真相是這樣的：在二十世紀六十年代的臺灣社會，任何與「共產主義」或「馬列主義」有關的「紅色」書籍，都是出版品中的最大違禁品，不能接觸，不能閱讀，更不能談論，否則憲警單位一定將你逮捕收押，相關出版品一律沒收銷毀。我因曾在政府單位當工友，當然知道這一切敏感的政治禁忌所在。

可是，我看了李敖與鄭學稼在《文星》上筆戰內容之後，首次知道鄭學稼的著作與任卓宣（葉青）的著作，都是官方樣板的反共著作。我立刻到書店買書，以瞭解到底是怎樣一回事。我藉此外衣掩護，就可以合法的大量記住作者所引述的馬列主義或共產主義的經典名句。此外，我還意外讀到鄭學稼有五冊一套的《日本史》，我很狂熱地閱讀。不過，在進大學之前，我始終無法讀到黑格爾的著作，只有他的學生費爾巴哈的《宗教本質演講錄》一書，成為我最愛的讀物。這本書也影響我日後的宗教學術研究方向。

戰後臺灣長期處於戒嚴狀態，以反共抗俄當政治口號和支配民眾服從官方政治措施或裁斷的重要依據。只要有對岸的叛逃者來到臺灣，就被當成反共義士對待，不但新聞大篇幅報導，還有大筆豐厚的獎金和獎勵，頒發給這些反共義士。

我親自參與的兩次經驗，一是在當兵時遇到一位反共義士，他平時非常和善，可是我一試著問他大陸家鄉的狀況，他立刻變得敏感異常，講話小心翼翼，彷彿變成另外一人似的。我看了，內心一陣難過。我在部隊裡是頂尖的政治課考試高手，有機會讀到內部教材，就曾讀到有關反共義士中的不軌之徒是如何偽裝，和被識破的個案狀況。而我政府和這些反共義士，其實是處於相互利用又互不信賴的矛盾狀態。這些都是不能出現在公開的新聞報導中的資訊。

我另外一次經驗是在桃園市的街道上，和已被槍斃的反共義士卓長仁相互擦身而過。當時，他已領到官方頒給的二百兩黃金，穿著和配戴都很高級。但當面看，這人一臉凶相，令人畏懼。我心想，只是一個叛逃的行為，就有黃金二百兩可領。除此之外，又是反共義士，屬於特殊高等的政治模範者。我自己生長在臺灣，勤奮工作多年，還每年誠實繳稅，又當過三年的義務兵，卻不能得到官方任何好處，所以，我很不以為然。

不過，後來看到卓長仁被槍斃了，心裡非常痛快。如今，反共義士已變成政治垃圾了。

驚險經驗談

一九六六到六九年空軍義務兵役三年間，我在桃園軍用機場氧氣製造所學會操作美式設備，以及美式最新製程的液態氧製造技術，來製造高空用氧或醫療用氧。因此退伍後，我便在桃園氧氣場使用日式舊設備，擔任製氧操作員兩年。之後又改到外商臺灣飛利浦電子公司竹北廠製造氧氣十五年，這裡使用德國設備。

我此處所要談的，雖是我們每一秒呼吸都會接觸到的氧氣，可是實際上很少人能像我這樣，曾真正接觸到機器製出來的液態氧氣。我在桃園氧氣場任職二年期間曾發生過一次堪稱有驚無險的災難。但，我更想強調的，是一次深刻的所謂愛之適足以害之的人生體驗。

一九六九年九月，我退伍後，很快就到新成立的桃園氧氣公司任職。恰巧正逢臺灣擴大對外出口的良好時期，而九年國民義務教育剛開辦，還有美國太空人阿姆斯壯也首次上月球，激烈的越戰已到後期，已在國防部任職的蔣經國部長，考慮到臺灣製造業的大量需要，便決定開放製氧產業讓民間投資經營，相繼有廠家投資設廠生產。

像我這樣的有技術者，可謂絕無僅有，所以我去應徵，立刻錄取。誰知道，這家新廠的投資者和董事長，竟然是桃園市一家旅館業者、牙醫醫生、進口貿易商等合資成立。更扯的是，居然以廢鐵進口的名義，購來二戰期間日本海軍已除役航空母艦上的舊氧氣製造設備，並從高雄港附近找來拆船高手，前來重新組裝和焊接。

事實上，這是一種高壓氣體的生產設備，而非低壓的液氧生產設備。因此其危險性之高，簡直是和死神相鄰的一線之隔。關鍵在於，高壓的空氣必須先經過分段加壓，才能使壓力提高，再從高分離塔釋壓，冷卻，再循環冷卻，直到累積的低溫形成、液化。再將液化的空氣，從高塔的分離管線下流，促使不同臨界點的氧氣、氮氣開始分離而得以取得純氧。可是，高純氧很難達到標準，所以不純液態氧就要適時排放。

這件事發生在夏秋之間，日間太陽高照，晚上工寮內非常悶熱。當時，我輪中班（十五點至二十三點），而大夜班（二十三點至隔天七點）的操作員已入廠在高熱的水泥工寮內睡覺，等待接班。我心想，不純液態氧可以幫助工寮降溫，又增加空氣中的新鮮度，所以就提一大桶到工寮內，往地上一倒，液氧快速奔流並蒸發成一片白色霧氣。我想，同事應該稱讚我的一番美意吧？誰知，他哪條筋不對，居然在蚊帳內點火吸菸。我心知，完啦，室內全是氧氣，當然馬上爆燃起來，蚊帳整個著火，嚇得他驚叫不已。我立刻開窗，開門，使工寮內空氣對流，並開燈讓他緊急逃出。所以只有蚊帳燒破一大洞而已。我也嚇出一身冷汗。經解釋後，同事也諒解，未往上呈報。

我從此謹記：愛之，不得其道，適足害之，儘管是好意的。這是幾乎鬧出人命的深刻教訓！

食色，性也

我想用很短的篇幅，像進行人生素描一樣，簡略卻鮮活地談一談。

首先，我最想提及的，就是我個人生平厭惡醉漢，是從我浪蕩子酒鬼父親和他那群酒黨的醉酒醜態上，萌生徹底反感的心理強迫且持久性制約。可是，我又從不像我母親老是痛罵醉酒的父親那樣，我會一邊忍受著對方的強烈酒臭，一邊耐性地幫忙善後，把所有醉酒後可能被嘔吐物污染或衣物沾染的地方，清理乾淨。換句話說，我只是心理厭惡而已，另一方面，我把醉漢當作是弱者、病態、無能和滿腹委屈的人間不幸者，我是相當同情和能諒解的。

我十四歲之前看過大哥買的一本暢銷小說《冷暖人間》，那是一本談酒家女的遭遇和情感的故事。可是，內容和我所經歷的生活歷練實在差距太遠，所以只當作故事。不過也不能說全無影響，因為成人世界的悲歡離合，以及男女情慾世界的動人呈現，給我留下極深刻的印象。之後，我曾有一次實際看過真正的酒家女，但不是在酒家，而是在住家附近收割後的乾稻田中央。那時，鄰居有一對廖氏兄弟，和當時大溪鎮上陳姓煤礦主非常要好，所以感染浮華奢靡生活的惡習，趁著新屋落成，大宴賓客，並邀來兩位酒家女到主桌上陪貴賓。那兩位酒女的容貌算是妖媚，但不能說是美麗。酒女穿黑色薄紗上衣，膚色白皙，極為性感，可是只顧對貴賓陪笑，而對周遭的賓客不屑一顧！我對那種勢利眼的諂媚臉色和笑容，都厭惡極了。從此，我對酒家女都沒有好感。

我退伍後，到桃園氧氣廠任職，董事長羅鴻圖先生是貿易商，主要是從日本進口各類新商品出售。我最早吃到的日本速食泡麵，就是他提供的。那是非常新奇的飲食經驗，方便、快速、香味濃烈撲鼻，入口又滑溜溫潤甜美，很快就可吃完一碗。然而，它的美味效果其實非常短暫。我們工廠大修三天，其中有六餐只提供日本速食麵，而我吃到第三餐就沒胃口了，更不用說連吃六餐。這讓我知道，重複性是人類感官刺激新鮮感之大敵。

由於大家不斷抱怨，羅鴻圖董事長說，他有個讓大家絕對滿意的特別招待，就是他請客，請大家去桃園一家酒家暢快一次；但，每個人要先交兩百元，不夠的全都由他支付。而沒有兩百元現金的人，可預支薪水，將來再扣回來。

不用說，所有人都沒有反對。於是，我和所有公司男同事都去了一家桃園酒家。可是我立刻發現自己上當了。因為所有酒女都用諂媚的女性嬌態，對羅董事長大施媚功，對其他人則愛理不理。然後，羅董事長使出他最厲害的一招，開始介紹其他同事，每個人都突然被高升成業務經理、會計主任、採購經理、工廠副廠長、修護部主任等等，然後，他就先告辭了。

我知道這是騙局，是大謊言，可是其他同事都開始用新身分自稱，也彼此互稱起來，而每位酒女也開始半真半假地按新的身分變化，來親熱地招待每個人。我發現，這是我的同事們在彼等人生中少有的得意和光彩，自然大家都盡歡而歸，只有我例外。我當時只覺得，真是可悲又可憐，這場假戲，太荒謬了。

不只如此，隔天，我同事就自動以新身分打電話到那家酒家，找自己那晚認識的酒女，大談特談，情緒又是那樣興高采烈，臉上流露著得意和滿足。我默默無語，不願對此有任何評論。可是，我知道，虛榮心的滿足對許多人是強烈無比的精神興奮劑。

只是我日後卻常不識相的偏愛揭穿這個假面具，因而生平樹敵無數，令人厭惡至極！

現在網路上的色情遊戲網路之多已非常驚人，各類 A 片的網路推銷也從未間斷。但，我是能免疫的。我所以能如此，是在外商工廠值夜班時，有電器維修員私自帶進小型放映機，放在地下室，並有多卷各類 A 片，讓一同在機房值班的同仁，各自輪流去放映，看完後，再相互交接班。我生平第一次非常興奮有機會大開眼界了。

可是，影片中重複性的活塞動作，太多太頻繁了。所以，興奮感越來越低。我看到第三卷 A 片，還有一點感覺，可是，到第五卷 A 片時，還不到一半，我就厭倦得毫無興趣。可見，過度重複是很容易讓人厭倦。

第三部

來到竹北

竹北日常

震撼教育

我自一九七二到竹北來工作，之後就定居在此至今。除非需重要協商，我幾乎不去任何鄰居家裡閒聊。我畏懼是非，也沒有閒聊的時間與興趣。

當兵回來第三年，我考入飛利浦竹北廠當中級技術人員，收入算高，人也活躍，透過常在公司刊物發表文學創作，我在全臺各飛利浦分廠也有一定的知名度。

可是，公司的英文女祕書都知道我的致命傷，就是學歷低與英文不行。其中有一位已婚英文女祕書惜才，表示願意下班後，免費在家教我英語會話。我當然高興無比，所以每星期都去一次，接受她教導半天。她先生也在家，也是公司同事。誰知才去三星期而已，他們夫妻爭吵，妻子出走，她的先生居然到我的租屋房間來找老婆，把我嚇壞了。以後打死我我也不敢去學英語會話。

日常

自從客居竹北之後，在平常的日子裡，我很少外出，頂多到新竹市街上，買幾本書，馬上就趕回來。

每天從公司下了班後，總是一個人，關在房間裡，讀自己喜愛的書。對書籍，我有一種狂熱，各類各樣的作品我都喜歡。《文心雕龍．神思篇》上有一句話說：「寂然凝慮，思接千載。悄然動容，視通萬里。」讀書就有這種好處。一些玄思妙想，或一段描寫精彩的散文，都能令我擊節激賞，嘆服不已。除了知識上的樂趣外，還提供一個可以讓我的思想任意奔放，盡興馳騁的遼闊原野，給我心靈上帶來無限的快慰與歡欣。

每個月初，我必須寄幾篇論文或散文到雜誌社，每當看到自己辛苦經營的文字，變成整潔的鉛字印刷出來，著實感到莫大的快樂。

我的鄰居是電子廠的李世和，他素來沉默寡言，難得他心花怒放的時候才會過來，兩個人湊在一起談一談我們所認識的女人，這是男人最感趣味的題目。興致酣暢的時候，我就引吭高歌數曲，傾訴不盡的感懷。有時，黃世興遠從臺北來看我們，他的嘻笑風趣，妙語如珠，更使我們樂上一整天。

不過，這種朗朗笑聲的時間也不多，每個人都有他的生活方式，每個人總是喜歡自己的世界。所以三樓的宿舍裡，老是冷清得怕人。

說靜倒是不靜的，寒風細雨經常在門窗裡流梭；陽臺上晾衣服的婦人，也總愛大聲叱罵她的孩子；街上的竹北戲院和快樂戲院，不時傳來電影中的音樂，甚至劇中人物的對白，都聽得清清楚楚。這些聲響讓人感到此處仍在紅塵，並未遺世而獨立。

晴天時，在黃昏薄暮裡，天色漸漸暗下來，我擰亮房裡的桌燈，使室內充滿光亮，人卻登上四樓涼臺上去眺望。蒼茫的煙靄籠罩著附近四野，遠處近處，粒粒點點，透露著萬家燈火。

櫛次鱗比的建築物上，滿是蜘蛛網般，掛著天線；縱橫的道路在黝暗的光線裡，好像和這些建築連成一體，宛如是聳立大地上的浮雕。「轟隆……轟隆……」在夜空下疾馳的火車，濃濃的黑煙被晚風捲濛了半邊天，「嗚——」長長的汽笛聲劃破平野的寂寞，也像哀號似的，震顫了我的心弦……。

我特別愛在繁星閃耀的夜晚，一個人靜靜坐在涼臺上依風懷想，凝神聚思，霧氣從四周攏集過來，我好像也羽化登仙，臨空翺翔，縱遊到無限遼闊的太虛幻境。

還記得過去那一段歲月裡，每每和黃世興兩個人，在當空皓月下，高談闊論，把訴平生。口沫橫飛之餘，就喝啤酒以潤渴，啃鴨翅膀而充飢，頗覺風味十足，斯趣無窮。

我從十四歲離家，飄流人海，一轉眼十三個年頭就過去了。青春時節，花樣年華，我本應該像大多數的男孩子那樣，去戀愛談情，讓生命熾燃起精純璨麗的火燄，使腦海充滿詩意的想像，使臉上流露出激情的神采。

為什麼？我不曉得。總是不能像別人那樣，在大好時光裡，郊遊約會，海邊山麓，痛痛快快的大玩一番。有時候，感情反而對我形成一種壓力：我總是默默的去喜歡別人。此外，一些潛伏在心裡的偉大理想，常常使我寢食不安，時時鞭策自己。雖然，顧亭林說過：「遠路不須愁日暮。」成功的路程，當然是崎嶇、遙遠的，不必急驟地求成功。可是，生活上太多的折磨，往往引人跌落到憂悒和愁苦的深淵。在這些年來的人生經驗中，很多痛苦的事，都是我極不願做的。然而，要來的，還是來了。

也許在每一個人的心靈中，都有一條「船」，命運是浩瀚的大海，在永恆的路上，我們注定是個偉大的流浪者。面對前路的汪洋水勢，我不曉得，我將往何處去？

然而，我不必去問蒼天，因為這偉大的穹蒼，只知道：永恆的沉默。

我一定要使今年的處境變得比去年更好。我希望著，也願大家希望著。

陌生的釣客

有一次我在竹北的職業釣魚場，看到完全料想不到的驚人現象，當場把我震撼得瞠目結舌，不曉得事情為何會如此地離奇出現在眼前？

那是魚池開放營業的第四天，當天，釣魚池每一角落都有人在垂釣。職業級的釣手是按時計費，業餘消遣的菜鳥釣友是釣上魚才出錢購買魚，所以不計時長短。我陪朋友去，是看人釣魚的。

據說，前三天，很少人能釣上值回老本的魚獲。因為魚場老闆事先用飼料把魚都給餵飽，所以釣客的魚餌，魚沒興趣吃，很少被釣上來。魚池邊有位陌生的釣客，他單獨在一個固定的角落垂釣。前三天，他只是不斷地向池塘內固定的地方投魚餌，但沒釣到半條魚。由於他是職業釣客，選擇按時收費，而他前三天都無魚上鉤，所以他每天交的入場費都被魚場白賺了，使得魚池老闆既開心又自得。

可是，第四天丕變。

情況是這樣的：起先，大家照舊注意到那位陌生的釣客又來了，並照樣在他固定的角落投餌，開始垂釣。本以為他還是釣不到魚，誰也沒料到，不久突然奇蹟出現，只見池塘中的魚像瘋了一般，爭先恐後地吃他的釣餌。而他手腳俐落不斷地把魚一直釣上來，單是兩小時內，他居然就釣上了快兩百臺斤的各類魚，當中有不少魚還是池中最貴的。於是，我們大家都停止垂釣，帶著滿腹好奇，全都不約而同地一起跑到他旁邊看個究竟。可是陌生客只顧不斷從池中把上鉤的魚拉上岸，完全不與人交談或招呼。魚池主吃虧大到只有一個慘字可以形容。兩小時一到，陌生客大獲全勝，帶著大批的魚和釣竿，開車走了，只剩大家的驚奇、錯愕和不解。

後來過了幾個月，大家才打聽出來，他是在魚餌中摻入速斯康毒品，讓魚吃餌染上毒癮，所以前三天是餵食毒餌，第四天，以毒品讓魚不斷上鉤。奧祕在此！

看女人打架

其一是，來竹北，看社區年輕婦女在巷口激烈打架有感。

我先承認，我其實是好色無膽又假道學的偽君子，並不是什麼品行高潔如聖人的有教養男性。我從二樓窗戶看到巷口有兩位年輕的婦女在互相廝打，我只是靜靜看著，沒有出聲勸架，我腦中下流的期待著。會不會有一方被撕破上衣？最好是胸部的乳房因此被暴露出來？結果，非常失望，現在衣料打架是撕不破的。所以等了老半天，人家都打完架各自離去，我什麼養眼的鏡頭也沒見到呢。

其二是，遇到母親與鄰婦打架時，我的想法又是如何？

我少年時期與鄰居婦人相處最佳，因為我樂於幫忙，也學會一切婦女的家庭各類手藝，連傳統節慶糕點，我都可以上手。我與鄰婦們可以一起到復興鄉角板山上，去挑乾柴或製樟腦後廢棄不要的木屑回家。我的雙肩能挑起不輸大人婦女的重擔。此後，我是家中所有人都無法比擬的挑重擔走遠路者。我的右大腿若非日後患病動手術，可以承受一百六十斤重的穀粒袋。

在鄰居眼中，母親雖然可憐，卻不值同情。其實在父親尚未變賣田產前，母親是講話最有分量的人，連街上婦人吵架，都來家中請母親主持公道。貧富與人情親疏，我看得最分明。當母親與鄰婦打架並打輸時，我只覺得母親打架真差勁，居然打輸了。打我這種不能還手的兒子，她才有輝煌的勝利感！我真是心裡很不服氣。

巴巴那瓦徹克之夜

二十世紀七十年代，也是我二十九歲那年秋天，我到苗栗縣南庄鄉的向天湖去看賽夏族的矮人祭，那是連續三天祭典的第二晚，我一個人去。

三更半夜裡，我在東河下車後，站定一看，立刻發覺，自己已經處於荒山絕嶺下的深谷中。從駐腳的公路邊往下看是黑漆漆的溪澗，水聲嘩啦嘩啦的響著。茂密的森林、峻陡摺疊的嶺壁，鳴應著這宏大的水聲，在黑暗中聽來，特別奔騰澎湃，扣人心弦。抬頭仰望，遼遠且深邃的夜空下，高聳插天的峰頭，層層相疊，像浪濤洶湧，綿延到天盡頭。

當空一輪又大又圓的月亮，鋪撒著像霜雪一樣的光芒，沉靜而銀白，嶺壁凸起的地方光亮亮的，森林、岩壁，山路都映照得清清楚楚，嶺壁內陷的部分，暗影幢幢，樹叢和峭壁被一團漆黑籠罩著神祕、鬱沉。形成了兩個截然不同、黑白對照的世界。

懷著一顆顫抖興奮的心，默默地在公路上走著。這樣奇異的幽麗夜色，使我又驚又喜，又愛又怕。可是我知道，這一切還只不過是整個路程的起點呢！

夜之韻律，依然洶洶作響；那使人癡迷神往的「天湖」在何處呢？

深夜裡，置身於群山萬壑之下，就像駕著一葉扁舟航行於汪洋大海，無邊無涯的孤寂感，像穿梭在峽谷裡的寒冷山風，從四面八方向我吹襲而來；和壯麗宏偉的大自然相較之下，人類顯得多麼渺小，矗立在眼前的盡是一座又一座的崇山峻嶺，我將前進？抑或往內退？一時竟令人躊躇難以決定！

在峽谷中，沿著峭壁邊走了一段路後，看到遠處有一條狹長的吊橋跨臥在溪澗上，靠公路這邊的橋頭，有幾棟平房磚屋透著微弱的燈光。那幾點螢光般的燈火，在黑暗中發散出很大的震懾力量，燈火原是人類生活的特有標誌，數不清的年代以來，人類的群居經驗不是始終脫離不了燈火嗎？

一種人間性、熟悉的連繫產生了。因此我驟感一陣輕鬆，不再迷惘和惶惑不安了。走近橋頭，迎面就是兩個喝得醉醺醺的原住民，快樂地揮著手裡的酒瓶，親切地對我表示歡迎之熱忱。我謝過他們之後，隨即踱過那條木吊橋，又獨自穿行在滿山遍野的樹叢小徑之中。我既明白路是哪一條，便放膽地大步走著。溶溶的月光照耀著，夜風吹來，樹叢搖曳起伏，光影斑駁，一波接一波，宛如駿馬奔馳，揚起一陣煙塵，從山腳掠過山腰，疾奔到山頂上去了。我不快不慢地走了二十分鐘後，在峽谷中的一條小溪邊，遇到第一批從山上下來的人。

他們的出現使我放心不少，最起碼，不再感到寂寞和空虛。蜿蜒的山勢越來越高，峽谷的斜坡也越來越陡，小徑像蛇繞樹一樣，漸漸升高，我也在濃蔭的小徑上，精神抖擻的朝著那遙遠的嶺巔邁進！一群群已經看過矮人祭、從山上下來的人，男女老少都有，持著竹梢，舉著火炬，沿著側谷邊的懸崖小徑而走，像遊龍般迤邐著一條活躍生動的光帶，在深夜裡，看起來詭異壯觀之至。

經過兩個多小時的艱苦攀爬，終於我登上了最高的峰頂。峰頂的稜線上杉樹矗立，山風襲來，濤聲陣陣，令人有振翼飛翔的豪邁氣概！放眼眺望，夜空遼遠潔淨，明月高懸中天，遠遠近近，高低錯落的巒峰，盡收眼底，滿山銀輝閃耀，一片雪白，有說不出來的澄淨和美麗。啊！大自然的瑰麗雄偉，總是令人讚嘆不止！

穿過杉樹林，山頂是一塊狹長的臺地，幾畝稻田都收割過了，露著光禿禿的短莖。我從田裡小埂道穿過去，繞了一大彎，終於在樹叢和綠竹的圍繞裡，發現了賽夏族人的村落。這就是我要來的地方嗎？

想像中的崇山峻嶺，深邃峽谷，暗鬱森林，剛才已見識過了。而如今，馬上就要看傳說中那充滿野性的狂呼和痛快歡舞的熱烈景象了，心裡實在激動得很厲害。可是遠遠看去，除了村前廣場上的天空像燃燒般的鮮紅，和偶爾傳來幾聲噪雜的喧嚷外，整個賽夏族人的村莊，顯得出奇的寧靜。

村旁一座橢圓的小山，像龐大的草堆一樣，沐浴皎潔的月光，無限的沉寂、神祕和美麗，彷彿自天地初闢以來，就沒有絲毫變動過。於是我不禁懷疑：祭典是否已經結束了？或者我根本就走錯路了？……

的確，我是走錯路。因為有一條很深的大壕溝橫阻在前方，根本無法越過。找了老半天，方才在溝沿找到一條小徑，於是興沖沖的奔下去，到了對岸。這時才知道，我處的地方是在村後。當我往村前走時，半途中有一家客廳裡，燈火通明，一條長板凳坐著三個老賽夏族人，旁邊一對從外地來的年輕情侶，正和他們興高采烈的一起聊著。我好奇的停下腳步，並跨進客廳裡。

賽夏族人的房屋建築，和臺灣一般鄉村的農家差不多（指老式的），土牆瓦頂，客廳裡擺一張方形木桌，幾張板凳，牆角一臺縫紉機，壁上掛著美女的月曆牌，此外便空無所有了。不像本省農家客廳掛有神明的畫像，或供奉著祖先的牌位，這大概是兩者最大不同的地方。

看到我走進來，當中一個老原住民立刻站了起來，露著笑容，表示歡迎。他告訴我說，山頂上夜寒風冷，露水又重，來杯烈酒可暖和身體，並預防感冒。對於這種好意，我除了連聲道謝外，內心一直為之感激不已！

那對年輕的情侶，男的是位記者，帶著女朋友從臺北連夜趕到山上來，就是要採訪「矮人祭」的消息。他大概喝了很多糯米酒，臉上漲紅，已經有點醉醺醺了。我和那對年輕情侶結伴走出客廳，沿著屋邊村路，來到舉行祭典的廣場。

那是一個不太大的曬穀場，剛好在一個賽夏族人的家門前，四周有蓊鬱的樹林園繞著，很隱密，從遠方一點也看不出來。廣場上到處擠滿了人，從外地來參觀的旅客很多，甚至連藍眼高鼻的外國人都來了好幾個，熙熙攘攘，極為熱鬧。穿著鮮豔的山地傳統服裝的賽夏族少女，一個個打扮得花枝招展，美麗動人，她們像翩翩飛舞的蝴蝶，在人潮裡來回穿梭，吸引了不少遊客的眼光。

有的遊客一時豪興大發，乾脆拖住她們當中的一個，加入到廣場上去狂舞一番。在矮人祭期間，這一切都是許可的。也由於這樣，使整個廣場上的祭典活動，到處洋溢著浪漫的迷人氣氛……。

到午夜十二點，整個活動都停下來，全體賽夏人肅立在廣場上。一會兒，是一個六十多歲矮小精悍的老賽夏人，他站在場中的一截木頭上，用原住民語演講。他的神情莊嚴肅穆，宛如古代的先知一般，兩眼炯炯有光，一面凝視那遼遠無極的夜空，一面用沉穩有力的原住民語對場中的族人宣示著。老酋長講完話，一些賽夏族青年提來幾桶太白酒，用碗舀給前來觀看的每一個人喝，大家都端起來嘗一點，意思意思。等喝得差不多了，廣場上又開始熱鬧起來。我因為太累，對於場中那種單調、既無鼓聲、又無音樂，只是手把手一進一退的舞步，並沒太大興趣，便蹲在廣場邊的屋簷下打瞌睡。一直到凌晨兩點多，纔想起來：我還沒有回家。

揉一揉惺忪的睡眼，站起身來，看到廣場上的人已經走掉一大半了。在場中的人，大概準備待到天亮才走。可是，我白天有事，非提前趕回不可，於是鼓起勇氣，一個人從山上下來。

一直走到半山腰，纔發覺走錯路了。這一驚，差點嚇破膽。糟糕！糟糕！怎麼辦呢？往回走？不可能，那太遠啦！那麼，只好往下走了，山腳下總該有路吧？主意打定以後，便靜下心來，一步一步的跨出。……漸漸走到縱深的山坳裡，淹沒在森林的無邊暗影中，四周靜悄悄，沒有一點聲息，靜，山野中的靜，太可怕了！

半夜裡就算碰到了一條毒蛇或野狗之類的東西，頂多渾身起雞皮疙瘩，我並不覺得可怕。從小暗路、墳場都走過，稍微荒僻一點的地方，我是不太在乎。可是靜，山野中的靜，彷彿跟一切有生命的東西都斷絕了，一種虛空、縹緲的孤獨感，簡直和死亡一樣地，令人不堪忍受！

我的心禁不住地怦怦跳著，彷彿激烈捶鼓一般，緊張、駭怕，對鬼魅山精的幻想，一時齊集心頭，使我心亂如麻，幾乎要放聲狂呼起來。

幸好，最後一絲清醒的自制力，控制著我的行為，我索性坐了下來，等情緒穩定再說。我詢問自己：有誰可以幫助我？沒有。接著我聯想到：這一切不過是幻想罷了，你要相信你自己，如果連自己都不能相信，這個世界上還有誰能幫助你呢？一剎那之後，我宛如進入一個嶄新的精神境界，黑暗中的一切，看起來，不但不可怕，反而別有一種渾鬱的壯麗感覺。

繞過山坳後，在峽谷對面的廣大嶺壁上，明亮的月光，好像給上面鋪上一層銀粉一般。古人讚美「明月照積雪」為千古壯觀，但是在半夜裡，看滿月清輝流照雄偉的嶺壁，那種驚人的美麗，簡直超越了人類藝術表達的能力。

隔著一個深邃的峽谷，對岸的嶺壁柔和地傾斜著，樹頂幾乎一般高，因此看起來就像綠草如茵的坡地。但是整個嶺壁的面積相當廣大，自高聳的峰頂垂下來，氣勢上極宏偉，月光像霜雪般在上面照耀著，襯托著四周的黑暗和寂靜，讓那皎潔的白色光芒，格外超俗空靈，彷彿一出聲便會驚嚇了它，一攪動，或一陣風吹來，那上面的銀粉，就會揚起煙塵似的。

看時必須心平氣和地觀賞。古代的神話故事裡，據說每當滿月精華時分，美麗的仙女就會下凡到人間來。我雖看不到這些，但此刻也像感覺到月光中，蘊含著某種神聖，非人間的素質，宛如一種無聲的音樂，在寂靜中神祕地唱歌，輕柔地傳人我們的心靈之中，以致我們也跟著快樂地歌唱起來。恍若在夢幻中飄浮似的，我一面被美麗的月光所陶醉，一方面輕快地朝山下走，不知不覺地終於走到山腳下了。爬上一條斜坡，走到公路上，看到昨晚來時的漫遊之處，就在前方不遠的地方，心裡有如釋重負的感覺。

黑夜漸漸過去，黎明即將來臨，峽谷之上，穹蒼開始清澄起來。又大又圓的月亮，在遠處的山嶺上逐漸往下沉，不再像夜晚時那樣晶瑩潔白，變得有點橙黃，使人想起一枚成熟的檸檬。輕微的晨風，帶著濛濛的水霧吹來。

峽谷下的澗水，依舊潺潺的奔流著。公路兩旁的山野人家，已經起來煮早飯了，房屋裡閃耀著柴火的紅光。煙囪裡，一縷縷濛濛的炊煙，緩緩浮上沉靜的天空。我慢慢朝南庄的街道走去，精神非常愉快。不久，一輛早班車，從南庄駛出來，我搭上去後，看著窗外流逝的郊野景色，內心裡好像完成了一件大事般。

婚前給妻子的情書

我個人生平談過幾次沒有結果的戀愛，退過一次婚，也寫過許多情書，可是都不曾留下底稿，所以也無從回頭檢視，當年自己真正的內心感受是什麼？

其實，那是耗盡我青春期最多心血的寫作結晶，卻宛若化為歷史塵埃的虛幻心影，再無重睹其真面目之一日。生命的無常感，在此件事情上，讓我感受得特別強烈。

至於此處的兩封信，則是由我的妻子許麗霞女士設法保留下來的，非常能反映我們婚前的情感和思念的實際狀況，所以我毫無保留地將其納入本書，以作為回憶往事之珍貴紀念物。

其一是：

霞：

每次寫信給妳時，心裡就興奮得不得了，心跳的速度，也突然加快起來；在寫信時，我雖然比較不會，像在妳面前時那樣，有時會感到緊張。

但是，想到要將內心的祕密和快樂，悉數傾吐出來，讓妳一個字、一個字的去讀它，還是會有點不好意思。

不過，這一點興奮的感覺，卻由於心裡稍帶緊張而逐漸增強，變得更濃烈更鮮明，更令我難以忘懷！

因此每一封信裡，都載滿了我心頭的喜悅感奮，我的纏綿慕情，甚至，我的輕愁哀傷，我都毫不加掩飾，用一種比平時寫文章更細膩的筆法，來極力描寫刻畫這些曲折的感受，而在這種描寫刻畫的過程中，使我能纖末不遺地，體會到最純粹的真愛滋味。

在前兩封信裡，我所寫給妳的，每一封信的內容和當時的心情，都宛若是在一種極端狂熱的歡樂中，如夏季暴雨那樣驟然傾瀉而出，文字的措辭，顯得太光耀，太強烈。

但，那樣的信，通常是寫不出來的，只有在一種特殊的情況下，即心靈受到強烈的衝擊時，方能寫出那樣的信。現在，我已逐漸感到我們感情在滋長，心靈的默契，也更親密了。

在這種情況下，我喜歡用一種比較優雅親切，和自然一點的筆調，來輕輕地對妳訴說，讓妳在讀它時，彷彿看到潔淨的泉水，在溪澗的砂礫中淙淙奔流，可愛的陽光照耀著，清晨的柔風在峽谷間輕吹著，孤拔峻嶺的山嶺長滿了濃密的樹叢，大自然的風光讓人陶醉。

但願，我文字的熟練和技巧的精純，能達到我上述自我期許的動人效果。

我們的這次約會，實在美妙極了。我敢說，所謂人生當中的幸福時光，能較這兩天所感受到的更幸福，是絕對不可能的。

所謂幸福，我認為就是指一種心靈圓滿和諧靜穆的狀態。在這種狀態中，唯一能察覺的是，默默的，淡淡的，卻又晶瑩剔透無比的愛的喜悅。

換句話說，這種喜悅並非急驟地漲落的那種，那種太強烈了，容易讓人醉倒，也容易讓人頭痛。

但是，我所說的這種，淡淡的默默的愛的喜悅，宛如蘭花的幽香那樣，在寧靜的空氣中，若有似無地輕輕流動，四處飄散，使各處都染上淡淡的清香，彷彿無所不在，無遠弗屆。然而，如果我們把鼻子，湊近蘭花去猛力一吸，就會很奇怪地發現，那一縷幽香，居然都聞不到了。

不錯，「王者之香」的蘭花，就是有這種高貴的氣質。它是自然中的傑作，不允許俗人褻玩，它也彷彿代表了人類心靈某一種崇高神聖的境界，因此只有在一種很真誠、很自然的狀況下，才可以感覺到它的存在。這種境界，就是我所謂幸福的時光。

星期六晚上在臺北街頭，星期日白天在烏來山中，晚上在咖啡廳裡，甚至在中山堂旁邊的水泥路上，妳的笑容就像蘭花的幽香一般，那樣的純潔和可愛，使我頓然將心頭的憂鬱，一掃而空，感到無限的幸福，充滿愛的喜悅。

當然，我也記得星期六的晚上，我們道別後，半夜裡，兩個人都失眠了，以致第二天到烏來時，感到人較累。然而，星期六的晚上：中華民國六十六年八月二十七日，農曆的七月十三日晚上，妳終於點頭「初步答允」，願意終身和我共相廝守。這是我們生命歷程中，劃時代的大事。在此神聖時刻，我迎接了妳未來的一切，將兩個人的命運，緊緊連鎖在一起了。

婚姻是何等神聖的事。它一方面是為了延續我們後代生命——幾億年來，生命的血脈，就是這樣繁衍下來的。在另一方面，我們活於世上的百年光陰，是由於有婚姻的聯繫，於是才有生活的內容，才有生命的意義。

我個人認為，所謂幸福，就是婚姻完美的代名詞。否則，一個被世人遺棄，或自我放逐、或離群索居的乖離者，除了忍受寂寞的痛苦煎熬而外，又有何幸福可言？

由此可見婚姻——美滿的婚姻，對人的一生的重要性。

而我說，取「霞」妳為妻，實在是一件既神聖、光榮，卻又嚴肅、沉重的負擔。而今而後，我將要如何努力，方能使妳感到幸福？而今而後，我要怎樣開創兩個人的命運？而今而後，在百年偕老時，不帶有虛度此生的感慨？……

凡此種種一一都盤纏在我的心胸上，使我敢不發憤自強，努力用功！

我隨時要惕勵自己，必須時時慎言謹行，以免使美滿的婚姻，瀕臨破滅，或毀於一旦。

雖然每天的歲月都在飛逝中，但是我們共同在一起生活的日子，將會很快到來。所以我現在已在滿懷歡欣地期待了。

我願禱告上天，今後我的一言一行，都不要違背良知道德，除了眷愛我的妻子，創造家庭的溫馨與安寧外，還能關懷世上的許多不幸者。

我認為只有我們真正去愛別人時，別人才能感受到我們的關懷。也唯有人與人能互相關懷，一個社會才能具有人情味和溫暖。

我也希望我有開闊的胸襟，來接納別人不同的想法和意見。

我相信：當一個人已能赤誠的實踐了上面的這些心願時，上天一定會賜福給他，他的妻子也會愛他，他的鄰人更會讚美他……以上這些，就是星期六晚上，我在「寶島賓館」的套房中，沉思了幾個鐘頭後的一點心得。

我其實只是一個很平凡的人。但我相信一個平凡的人，同樣可以用愛心去愛別人，同樣可以讀很多書，為社會做很多事。而一個平凡的人，「如果」別人在最後關頭，拒絕了他，而選擇了別人，那麼他也不用怨嘆。因為他終究是一個平凡人物啊！（此處請勿誤解為我對妳沒信心）

我的信越寫越長，好像沒有重點。但是，信中包含的是哪些感情？妳應該是一目了然的。

我們之前的烏來之行，我不擬在此處，詳加描寫。我寧可在三年以後，當我開始寫小說時，再細細地刻畫它。我說過，我不願忘記的事，無論如何，都不可能被忘記。

此刻在這裡，我再加上一句，我不願忘記的事，我一定會將它寫出來，只是時間上有早晚而已。

好了，霞，這封信就寫到這裡，下封信再談。

祝妳精神愉快

燦騰

六十六年八月二十六於竹北

ps. 因為功課忙，我寫信時，沒打草稿，想到哪裡，就寫到哪裡。萬一有錯字，或語意不完整的地方，妳從上下文對照一下，大概就明白了。（騰　附注）

其二是：

霞：

以為這兩天會接到妳的信，結果沒有，心裡好失望。我想，大概妳很忙，或者偷懶，或者我上一封信所寫的，妳看了不滿意。

但是，妳可以告訴我，隨便寫幾個字也可以。拜託啦，寫信給我好嗎？

星期三下午，我曾回大溪家裡，和淑媛及媽媽談了一些話。二哥已把錢拿回家了，先拿五萬，下次再拿五萬。我已把錢存入郵局。

在公司方面，我也把一切積蓄都準備好了。現萬事俱備，只欠東風——新娘子，妳不會讓我失望吧？我家裡的人都喜歡妳，而我媽媽講得更清楚，她說：一切都是次要的，唯有兩個人結婚後，能恩愛美滿，才是最重要的；其他方面，她沒意見。

烏來之行的彩色照片，已沖洗好了，效果不錯，鏡頭極美，妳看了一定會喜歡。等星期日見面時，再拿給妳看。林先生和邱小姐他們的照片，我亦已於星期三中午，用掛號寄到臺中林先生的家。他們的也很漂亮。

所有的這些，都是值得令人珍惜的回憶鏡頭。可惜的是，我的鬍子青青的，使畫面帶著粗獷的味道。如果鬍子刮乾淨，那就更棒了。

想著未來的日子，我又高興，又擔心。高興的是，妳將成為我夢想已久而一旦來臨的新娘。

擔心的是，事情是否能一帆風順呢？

另一方面，我已經漸漸鎮定下來了。我在初期情緒的不穩定後，開始能適應因妳而產生的感情衝擊。冷靜的注視著未來，仔細的考慮一切即將或可能發生的事。那麼一旦任何變動來臨，我就不會驚慌失措，而能迅速果斷地處置之。

我對自己說：我是經過不少大風大浪的人啦，在心智方面，不要有任何欠冷靜，和欠成熟的地方。大丈夫男子漢，凡事應該提得起，放得下；愛你所當愛的，離開你所不當愛的。如果沒有這樣的覺悟，這一生不會有出人頭地的可能。

寫到這裡，我應該說：「霞，不要辜負我，無論如何，我是那樣誠懇，那樣熱烈的在愛著妳啊！」

事情越接近成熟的階段，越要戒慎恐懼，凝視著一切。這種患得患失的心理，正足以顯出，我對我們這一份感情的重視。如果不這樣，又從何證明我對妳的戀慕之濃之深呢？

祝

愉快

燦騰

六十六年九月一日

p.s. 不要忘了星期日之約

初識芭比娃娃

這是三十多年前的事了。由於妻子身體一直多病體弱，我又白天在工廠上班，晚上到臺北讀夜大，整天不在家，真正回到家至少都是快凌晨一點，為了避免妻子過勞，一個人忙不過來，兩個小孩都是從幼稚園小班開始，就送到當時全竹北市最高等級的天主教真一幼稚園就讀。雖然每期要繳的學費好貴，但照料極好，小孩每天很快樂上學，妻子也和幼稚園的修女教師處得很融洽。我只覺得可以放心而已，並未料到其他。

女兒滿三歲的生日那天，我決定送她一份特別的禮物，於是在她放學後，我們全家四人共騎一臺九十CC的二手光陽機車，從竹北市一路騎到新竹市中心圓環邊的三商百貨去購物。我敢肯定地說，我女兒從出生到滿三歲，都未曾來過三商百貨，而我也只到過少數幾次。

我帶著全家上二樓文具部購物，我想女兒會喜歡蠟筆、貼紙和色筆、色紙等，這都是她平常非常會玩的東西，我猜想她大概會要我多買一些。可是，女兒卻完全無動於衷，連一樣都不要。我見狀就好奇的問女兒，那妳要什麼？女兒馬上說，我要芭比娃娃！

可是，連我都不知道什麼是芭比娃娃呢。我馬上把女店員招呼過來，問她，你們這裡有賣芭比娃娃？女店員說，有！我再問，擺在哪裡？女店員回答，靠馬路窗戶那邊的玩具櫃上面。結果，我不但買一個芭比娃娃，花去五百元，又被女兒敲竹槓，多買三套不同服裝，每套三百元，共計九百元。

我納悶的是，為何才三歲的女兒會知道我不曾知道的東西？她的知識是從何而來？我略一思索，就明白了，這是階級消費的問題，非關知識。因女兒上的是竹北市上流社會小孩才可能讀得起的幼稚園，而新潮的芭比娃娃玩具，當然是女兒從幼稚園小班的同學那裡看到的。然而，我本身是工人階級，我的生活圈裡，不可能接觸這些東西。

我一想到自己和社會的現有流行知識，已大大脫節了，全身嚇出一身冷汗。為了補救這一點，我立刻到百視達出租店，把流行的兒童卡通片大量租回家，一片接一片，從頭到尾，全部看完。我要比兒童知道得更多、更先進。所以，我此後就很少落伍了。

竹北夏季夜晚

晚飯前，趁著孩子們在洗澡，我從家裡走了出來。剛下過雨，路濕濕的還有一些白天剩餘的熱氣，滲在濕氣中散發，空氣中帶有溫潤的泥土味道。未蓋房子的空地上長滿了雜草，有些地方還種了蔬菜。在雨水滋潤後，晶亮的綠葉，充滿了盎然生機，倍覺翠綠動人。才翻耕的稻田，有些已插過秧了。在波平如鏡的稻田中，映照著路邊水銀燈投下的一條條白中帶青的光華。人走到哪裡，那光華也跟到哪裡，直到路面出現，水中的光影才告消失。

縱貫線上的汽車，自遠而近，一輛接一輛疾駛而來。車前兩道亮光，在暗影裡像細瓣的黃菊花，在眼前一朵一朵地綻開，光芒四射，令人不敢逼視。回身一看，那些疾馳而去的汽車，車尾兩盞紅燈，像燒紅了但沒有光燄的兩塊炭。一輛接一輛地駛過，那些紅燈漸漸成了紅點，前後銜接，在黑暗中浮動，竟連成了一條奇異的美麗光帶。這原是平常見慣的景象，但偶然興起，仔細的去觀看，心裡宛如才第一次看到這些奇妙的鏡頭。注視著它，久久不忍離開。

夏秋之際的夜晚，稻田裡的蛙聲，顯得比較疏落。一個多月前，稻子才要成熟時，陣陣蛙的鳴噪，終夜不停，宏亮的歡暢的聲浪，那樣動聽，那樣甜美，以致我們的靈魂也與之應合，快樂的在心底歡唱起來。現在的蛙聲不那樣熱鬧了，不過柔和且依舊清楚的蛙鳴，別有一番迷人的風味。而繁星閃亮的天空，則看起來更美麗。蛙聲裡的夜空，同樣是遼遠無極的天空，但更幽麗迷人，迥然不同於蛙聲喑啞之時。

這亙古由於黑色所帶來的魔術般的效果，使白天一望無際的藍空，在黑夜裡，變得神采奕奕，有一種凝重、奇麗、森森然逼人的深沉韻味。

不習慣夜晚出門的人，很少有閒情逸致觀賞這些。但，這浩瀚的穹蒼，不論是藍星閃耀、月光如霜，或烏雲密布、大雨傾盆，只要人仰視著它，它就呈現著一幅變幻莫測的面貌。特別是在夜晚，像我這樣經常晚歸的人，覺得黑夜其實比白天更容易親近。夜色把白天零散、分離的東西，都黏在一塊了。面對這一片黑暗而美麗的世界，很自然的把我們感官的觸鬚伸出來，投入黑暗世界的懷抱。好像被一隻溫柔的纖手牽引，走進一個夢幻般的境界。人是既孤獨又自由的，但除非有這樣一個時刻，我們是無法將自己的本性徹底流露，也無法和那祥和舒適的夢境如水乳交融般的合而為一。而祇要接觸到這一境界，心中的鬱悶也就消散無遺了。

順著柏油路，在街道上的夜市走過。來竹北十餘年了，竹北街上的繁榮，真是一天一天都在變化中。我從沒有想到，我居然會在這個地方待這樣久。這十餘年，個人的變化似乎不亞於周遭的環境。甜蜜的、痛苦的戀愛，如今已成昨日黃花；娶妻、生子，現在是兩個孩子的爸爸了。看著孩子的活潑、可愛，有時候我真不敢相信，像我這樣的人，也能和別人一樣擁有一個美滿幸福的家庭。但是手裡剛買的玩具和故事書，不就是買給家中那兩個寶貝嗎？我一面走，一面和騎車迎面而來的同事打招呼。在竹北街上，到處都可以碰到公司裡的人，不論識與不識，只看他身上的衣服和「標誌」，感覺上就不會太見外。這就是對同一團體的歸屬與認同吧。這種心理很奇妙，在一個大環境中，可以促使一個較小團體的分子，彼此互相認同。可是，一旦缺乏環境的對比，彼此又顯得很生疏。

在竹北，我是一個他鄉客，對孩子來說，這裡卻是童年生長的故鄉。但願這裡的一切能變得更令人懷念和喜愛。我默默祝福著。折進巷道，家裡的亮光，從紅色大門透了出來。孩子的歡笑聲，老遠就聽到。我一按門鈴，裡面就：「爸爸！爸爸回來了！」邊叫邊爭著跑出來開門。

女生宿舍仲裁者

我是家中裁決妻與女之間互相糾紛的出色關鍵性角色。以下就是幾個有效實例的簡潔說明。

之一：我婚後有兩個小孩，一男一女，兩個小孩都不善於短跑，常跑最後一名。我觀察後，建議兩個小孩改以中距離發揮所長，果然立刻改觀。換句話說，人類競爭優勝的場合與比賽的方式，從來都不會只有一種。若能理解自己的強項所在，就可以挑選對自己最有利的比賽場合與比賽的方式。

之二：我想到妻子矮小，怕小孩長不高，於是自己設計運動方式和項目，結果都如預期，男的一七八，女的一七〇，我才中止增高計畫。也就是人要長高也可以有方法。雖然還是有一定限度，但，維持正常身高絕無問題。這就是我最得意的人生經驗之一。

之三：女兒是天生的藝術家，所以都是讀學校的美術班，國中時，厭惡校內的數學強化補習教學，常被任課老師告狀，妻子與女兒經常為此激烈爭吵，互不相讓，女兒的數學成績一落千丈。我雖很忙碌，但也抽空問清女兒的苦惱所在。我的對策是問女兒，有無校內同屬漫畫社的數學高竿學姊？女兒說有，我要女兒邀她來家裡作客。然後，我私下送紅包給她，託她幫女兒複習數學，若有進步，我過年就送她一件六千元的大衣。她答應了。所以，女兒不去學校參加課外數學補習了，只是讓學姊指導。高中升學考試放榜，第一志願，省竹女的美術班，數學考八十幾分。所有人都跌破眼鏡。

在以上的三個例子之後，應該再增加以下最新的情勢大好轉的這一例子，這一篇說明才算完整。

我還記得以前讀國中的女兒，很會與妻子爭吵誰該去洗晚餐後全家用過的碗筷等。我當時還未生病，很怕見到母女爭吵，就趕快自己去洗，使大家沒再爭吵。家中兩個女人的戰爭，妻子與女兒，我總是束手無策，不知如何是好。

可是現在，我發現情況已大有改善。原因就是妻子口袋已有維護自己當母親尊嚴的最佳武器。也就是當她去看女兒時，兩人吃的晚餐錢，總是由妻子支付，並且當女兒臨時急需小額貸款，妻子也立刻匯給她。母女雙方就不再劍拔弩張。原來這就是母女的和平相處之道，一點都不難啊。而這也再度證明，人的尊嚴，其實是靠有實力，才撐得起來。問題是，錢都是花我賺來的勞務所得啊。夫復何言？

購物記

我迄今一直還搞不清楚，妻子為何會匆匆嫁給我？可是，既然結縭為夫妻，我就無怨無悔，為這個合組的新小家庭，千辛萬苦毫無保留的奉獻數十年。問題在於，直到數年前，妻子還是非常敏感，很在乎別人的眼光和批評，常常抱怨包括自己生的女兒在內，居然說她穿著不像一個教授夫人。我知道，妻子生性節儉，不愛打扮，對自己的身材、容貌都無信心。所以，我過去若有大筆稿酬收入，會額外給她數萬或更多，讓她自己去治裝，但她買來買去，還是買不出所以然來，反而沒問我，就替我買一堆衣褲回來，讓我既感謝又頭疼不已。

我是不講究穿著的人，生活樸素，嚴格自律，但全力專注於工作、治學和思考或著作。我在專業上的豐富和深刻，既已歷經與外界無數學界菁英的互相辯駁，或相互知心交流，很少屈居下風過，所以我毋需靠外表的華麗裝飾來證明自己。

我長期戴廉價的電子表、穿老式的佐丹奴棉質衣褲，也開過二手中古車、機車或腳踏車。可是，我花錢買書，卻能耗費到可以多買一棟樓房的程度。我自己建立的私人專業圖書館，在很多方面是很少學者能和我相比。我提議妻子，讓我親自帶她去做個實驗，證明不用靠外表華麗裝飾、不用靠名片介紹，不用告訴對方我們是誰？只要口袋裡有孫中山先生，對方一定很快會認識我們。

於是我帶著她搭計程車，從北投坐到士林的燦坤旗艦店去購物。

一開始，店員理都不理。但很快的，我就買下日製東芝牌高價白色筆電、歐托瑪教學投影機、日本尼康單眼照相機、雷射印表機、外接硬碟、微軟 office 用的相關軟體、防毒軟體、隨身碟和高級掃描機等。結帳時，店員有點為難。可是，我告訴她，全部一次付清。我還告訴她，我信用良好，已超過二十年，未曾分期付款購物。

這時我已證明，我是店內所有顧客購物者中金額最大者。因而立刻贏得很多店員和櫃檯小姐的尊重。有人替我提物，有人幫我叫車，陪我在店門外被冷風吹、被細雨淋，直到計程車來到，幫我把所有的東西都搬上車之後，才和我互相道別。

我在車上笑著說，我們夫妻是ＬＫＫ沒錯，但，但店員是認識鈔票的。所以，我的身分如何不重要、穿戴如何不重要，口袋裡或腦袋裡有實力，才是最關鍵的。

兒子的職業新生之路

我開始上夜大時已三十一歲，兒子則剛出生，之後兩年，女兒出生，我立刻去結紮了，只十五分鐘就手術完畢，還可騎摩托車回家。若非如此，以我的生育能力，至少半打不成問題。

我為無法再經我的生殖管道被產出第三順位落空者非常抱歉，因此常在腦中設想和未出世兒子的隱形靈魂對話。而我也真的宛若接受它的抗議，它也彷彿能諒解我的處境為難似的。因根本養它不起，所以雙方達成和解，並常在我的夢中互相對話，坐談論道，成為忘年之交。

至於老大和女兒的課業，我因早出又晚歸，除非遇到假日，否則彼此很少有當面談話的機會，妻子本身又只會持家，無能教導，所以我兒女的課業表現，只能算中等而已。

我的兒子非常俊帥，私立大學企管系畢業後，就自行找各種工作，可是都非常辛苦，又沒有什麼成就。可是另一方面，我沒有讓他有任何助學貸款，又不用拿錢回家，還有我給的五十萬元預備失業過渡金，所以他應該已比大多數的國內年輕人幸運太多了。因此，我沒再借錢給他。他非常失望。

六年前，他失業在家，非常苦悶，所以我們父子漸有長談的機會。我開始鼓勵他在家專心讀書，準備國家級的證照考試。他非常認同我的讀書步驟和方法，所以進步神速，學習潛能大激發，因而得以在一年之內，連續兩次通過全國性的證照考試，並以非常的優異成績，拿到兩張考試院所頒發的正式證書，相當不易。

於是，他開始找工作。結果，他才打第一通電話，就獲得錄取，工作環境佳，未來前景看好。他開始苦盡甘來，信心大增，每天精神飽滿的出門，夜晚愉愉快快的回家，終於不再是職場的失意者。而我為他的職業新生之路再三慶幸。如今，六年過去了，他更有信心，預備在幾年內先通過律師考試。其次，再挑戰財產估算師之類的國家資格考試。我交代他，等律師考試通過，就準備結婚，不要再拖了。

我也是另類父親，很理智又很冷血的知識分子。詐騙電話曾打來說：爸爸你快救我，不然我會被打死！我居然說，打死活該，少來煩我。電話就掛了。兒子要到社會做事前，我與他當面嚴正約定：若因碰毒或賭而負債或吃官司，我不會出手幫忙，生死與我無關，而且我死後也不會留下遺產讓他繼承；否則一定有一筆足堪後半生無憂的遺產可承繼。所以兒子在外絕不敢去碰毒或賭。

關於兒子與我之間的對話，還有三件事值得一提：

其一是，關於齒列矯正與書籍雜憶。

我小時候，自己拔過牙，也動過牙齦手術，長大後，在新竹縣新埔被無照牙醫錯拔過左下排智齒。也洗過牙多次，治療過牙周病一次，補固定假牙一顆。此外，沒有其他美容或治療。

如今牙齒功能仍九成正常，如年輕時。反觀我兒子，就曾做過牙齒齒列矯正，當時要五萬元。二〇一六年時，剛好想起此事，曾問過我授課學校的班上女生她的花費是多少？她說她是花十二萬元矯正的。我在高鐵上也常見到女服務員有在作齒列矯正，於是我問她費用多少？她也說要十幾萬塊錢。可見都不便宜。儘管如此，我也是直到二〇一六年七月十日，才正式看到國際牙科醫學權威這方面的相關教科書。而第一本就是《全口義齒：原理與實踐》一書。真是眼界大開。

其二是，關於兒子的保證書加注問題。

兒子找到不錯的工作，可是要填就業保證書，兒子請我幫忙。我說可以，但不承擔所有責任，於是我加注一條：只在一百萬元內負責，其餘不擔保。兒子的人事經理看後，對兒子稱讚說：你父親是我二十幾來第一次遇到的法律專家，他是怎樣的人？兒子驕傲的說，他是臺大第一名畢業的博士，也是大學教授。

其三是，兒子是處理好聚好散的專家。

兒子因為服務的熱誠夠，專業知識豐富，所以找他討論家族遺產的繼承手續，分配持分，以及紛爭的調解等，都深受委託客戶的好評。我偶爾會請他分享一下他前往處理的經驗心得。我聽了，都會發出讚嘆之語。這都是他自己學會的，不是我教的。每個世代雖有直系血親的關係，可是成長與社會歷練的環境完全不同。兒子與女友的相處成熟度，也遠遠超越我的生平經驗。

新震撼新體驗

其一是，舞臺上脫衣舞孃的經血。

我以前不太清楚，古書中所講的「不忍人之心」真正現代倫理學涵義。

直到多年前，我尚是輪班操作員時，有一個星期天早晨，我輪休，便一路從竹北騎腳踏車到新竹市中華路上，去一家早場的脫衣舞表演小劇院觀賞一番。當時的票價是一百元，人好少，觀眾席中還有幾個是老祖父級的，居然帶著小孫兒進場一起。看到一半時，我突然發現一位美麗女舞者，在雪白圓潤右大腿上，緩慢流下不多的一道呈暗紅色的月經血。

我不禁當場驚叫起來，不自禁地用手指，指著所看的方向。女舞者自己這時才驚覺，於是匆匆退入後臺去了。但，從此以後，我就不再看這樣的現場脫衣舞表演了。

其二是，臺北上海澡堂的驚人刮垢手藝。

有關臺北上海澡堂的驚人刮垢手藝，現在知道的人，可能已不多吧？

從前在臺北市羅斯福路一段，接近著名的志成補習班附近，有一家老字號的上海澡堂。我多年前因為手部受傷，快一星期都沒洗澡，便走進去光顧了一次。

我向來都是一個人洗澡，突然間由另一個陌生的中年男人在浴室替我洗澡，雖然非常不能適應，但既然非來不可，原是情勢所迫，出於萬不得已，就儘量忍住心裡的排斥感，讓他替自己將全身髒垢和體味，都一概清洗乾淨吧。

不久，我好奇心大熾，然後逐漸又從驚訝，再提升為嘆服！為何呢？因為他沒有在我身上塗很多沐浴乳或肥皂之類的清潔劑，而是手上裹著一條微濕的毛巾而已。可是，他的手勁恰到好處，而毛巾則像刮土機一樣，凡是毛巾在手臂或身體上，每一處擦摩過的地方，原來看似清潔的皮膚表皮上，就被刮起一層污垢，皮膚上的毛細孔，開始清晰可見，好像被堵塞已久的毛細孔，第一次可以暢通呼吸一樣。最後，那位上海澡堂的師傅還給我全身刮下來的污垢，捏成一顆彈珠似的烏黑丸，送給我本人留作紀念。

我對臺北上海澡堂的驚人刮垢手藝，迄今仍佩服不已。

夜校生活印象

一九八一年是我在竹北廠服務的第十年，春風秋雨，夏熱冬寒，一晃眼，我已讀了快三年的大學夜校課程。以下是我的一些感想與見聞。

我是在公司服務滿七年，也就是一九七八年的秋天，才進入臺灣師範大學讀夜校。說來好笑，進大學的動機，當初竟是因為失戀的刺激而發誓非上大學不可。於是先參加教育廳辦的高中自修學力鑑定考試及格，然後報考當年大學夜校聯招，而被分發在師大歷史系就讀。

「歷史」這門課，自幼我便有興趣，且不斷充實，因此一進大學之門，在研究功課上助益極大，優異的成績使我成了夜校中令人注目的學生之一。這時回顧當初的念頭既覺可笑，也覺得人生中偶然的因素常能決定一切命運。若非一場失戀的打擊，則我將終生是大學門外之人。

讀夜校的滋味如何？在我而言，可謂苦少樂多。苦的方面，像通車時間太長，體力透支，車費浩繁等，但這些習慣了，就不再感到是一種沉重的負擔。樂趣接著就產生且隨時日增加，如倒吃甘蔗，越吃越甜，最後心中充滿快樂，欲罷而不能。

先說我讀師大夜校的校園，外在看來古色古香，空間則不算很大。從和平東路一段的師大公車站下車，抬頭就可看到一道紅色磚牆，牆頭枝葉扶疏。校門巍峨高聳，一走進校園，便覺氣象宏偉，使人起崇敬肅穆之思。校內樓房是暗紅色磚樓。磚樓前面，幾棵椰子樹挺立著長條形的葉片，迎風搖曳生姿。樹下是翠綠如茵的草坪。每當星漢燦爛的晚上，我們就在這充滿「學苑」氣息的地方上課，聽師長智慧的語言，如流泉般噴吐，滋潤著學生渴望求知的心靈。偶爾，晚風送來悠揚的鐘聲，使人精神抖擻振奮，也使人舒暢愉悅。紅樓和鐘聲，是兩年多校園景象中我印象最鮮明與熟悉。不禁讓人產生一種依賴的真切感情。

羅素在《回憶錄》裡談到，他上劍橋大學一年級時，因為懷海德教授的介紹，一時校中的菁英學生全同他認識，使他受寵若驚，日後羅素學問有成，並享大名，回憶往事，認為懷海德教授之恩情，實不可相忘。新生入學的口試老師王仲孚副教授於兩小時的口試中，因我在中國上古史略有基礎，以及一些對史學名著如《史記》也頗下工夫，所以立刻引導我去見系主任，以後再將我介紹給其他的師長和系上同學。因此我一進大學，就享受到被人重視與自由討論的樂趣。外表上，師大給人一種保守、正派的刻板印象，但在教學這方面，據我親自體認，算是相當開明。我上課每每有如魚得水，如沐春風的感覺，這真是我的幸運。

另一方面，大學教育最大的好處，是讓個人的才智充分趨向成熟。那是一塊適合培植的沃土，師長、同學和圖書館，就像大自然的陽光、雨水和空氣，使得一個人經過數年的薰陶，具有較成熟的智慧和優美的氣質。因此，每當有人質疑上大學有何益處時。我便以此回答。事實上也是如此。我未進大學之前，雖然書讀得不少，但是到了大學之後，才知道如何一一將其消化。兩者的功效一加比較，便判然可見。所以如果可能的話，奉勸下班後太閒的同事，最好能去進修，必有收穫。當然，已讀完大學的人也可另外研究進修，不在此例。

從學校下課後，搭十五路公車到臺北火車站，再搭末班車回家。車上可以認識很多同學和朋友，大家無話不談，隨興所至，滔滔不絕。就我個人來說，清晰、條理的表達能力，就是這樣訓練起來的。從片段的陳述到能以某一主題發表一個完整的演說，即為我能力成長的過程。我把這種無意中得來的收穫，也歸功於上夜校的結果，當非誇大之詞。

中壢以南，夜校生較少，火車上的人漸漸空了。到竹北站時，往往只剩兩三個人。沿途燈火明暗錯落，夜霧迷濛，夜深的蕭條感覺滲入心靈的深處。在夜半時分，面對黑暗一片冷清的世界，也特別澄清思維，觸鬚敏銳，平時想不通的事，往往豁然開朗，迎刃而解。這時，心裡充實愉快，疲勞也似乎忘光了。

夜校生活的快樂就是這樣點點滴滴累積起來。但是，我更應該說，這些都是飛利浦公司賜予的。每月的薪水，每學期的獎學金，已提高到三千五百元左右，都是支持我上大學夜校的基礎。

憶師浮光掠影

我妻子於二〇一七年五月八日拿出一些我的過去存檔文獻或書信原稿。其中，與我在師大時期關係最密切的王家儉教授，晚年親筆寫給我的信，我才重讀一遍。可是，看網路資料，才知他早在二〇一六年四月十三日就病逝在加拿大溫哥華，心頭一陣黯然。

我進師大時，王家儉教授是系主任，也是中研院近史所的研究員。在郭廷以當所長時期，他是唯一獲得臺大歷史所碩士學位的人。他因研究清代的海防觀念，被近史所重視與受聘。我是他生平最器重的學生之一，他在我讀大一時，就知道我有雄厚的史學實力，我一篇一萬多字的〈張學良與西安事變研究〉，令他大為激賞之餘，還交給他自己的兒子王俊中當範本閱讀。

我大三時，他主授三小時必修課程「中國文化史」，他主動讓出一小時，由我自編《中國佛教史講義》，替班上同學授課。此舉讓幾位教授大為不滿，認為我恃寵而驕，不知尊師重道，所以大學畢業後，我才會到臺大史研所發展。

王家儉教授的兒子王俊中，從南門國中、建中，直到臺大歷史系，都朝他父親的治學之路前進，可是到研究所，就受我的佛教史學研究影響，直到英年早逝之時，我都是影響他很大的學長。

李國祁教授是留德史學博士，有才氣，在中研院近史所與臺師大文學院，他都是一流的教授與學者，與張朋園教授堪稱雙傑，但在史語所的獨大下，他們沒有機會當選院士，這是不公平的。

李國祁教授有器識，能容忍異己之才，可是嫉惡如仇。我在大三時，他是文學院長，講授近代史的太平天國建國與定都南京利弊問題，我舉手提出不同見解。他課後去交代系助教劉紀曜博士，要他轉告我，若有必要，他可以請假一天，專門和我一對一，徹底論辯個誰對誰錯？

我當然不好意思如此囂張，但很感謝他的好意。之後，我有機會去他家拜訪。他告訴我他所遇到的文學院教師的種種口是心非，不分青紅皂白之難堪狀況，要我不必對大學教師這一行，有太高的期望。他有一件事影響我非常深遠。他是指他對某講師的碩士論文，如何從頭改到尾的具體例子，說這樣研究生才可能真正學到東西。我以後對指導的每位研究生，都是照著他這個方法做。

我這裡講的只是我個人的特殊經驗，並且只舉出其中的一種，來說明人生際遇中抉擇的智慧，是何等的必要。

當我以空前破紀錄的奇蹟表現考入臺大歷史所時，我原以為會像先前王家儉教授一樣。他也是從臺灣師大考入臺大，並讀到碩士畢業，其對清代的魏源與中國海軍的研究，相當出色，所以畢業後出路很好，同時在中研院近史所和臺灣師大歷史系兩處任職，是我進師大夜間部時的系主任。

另一位激賞我的曾祥和教授，特別建議我：考入臺大歷史研究所之後，不要太早畢業，能在校中留下來多久就儘量留多久！她的見解是：以我的出色才華和強大的吸收能力，一旦置身在像臺大校園這樣的優越學習環境，我可以像海綿一樣，把校中的各類菁華知識和所牽涉的校內外活動經驗，都快速地轉為本身的珍貴資產，而這正是我之前的生活經驗中所最欠缺的，也是之後的發展所最必要的。

曾祥和教授是前臺大文學院長沈剛伯教授的續弦妻子，是湖南名門曾家出身的才女，當時她在臺灣師大歷史系專任西洋中古史，並在臺大和輔大等校兼課。我是在二年級的羅馬史必修課上被她高度賞識和有心提拔的一位學生。優秀的日語教授英紹唐老師也在師大夜間部兼課，同樣對我鼓勵有加。所以，我開始思考人類史上的兩大類似個案：唐玄奘在印度的長期滯留學習，和亞里士多德從馬其頓來柏拉圖學院長期追隨柏拉圖學習的用意，和實際績效所以如此巨大的原因。經過仔細的長考之後，決心接受曾祥和教授的明智建議。我將臺大歷史研究所碩士班和博士班的修業年限，都拖到最後一年才畢業。也因此我整個學識視野才得以脫胎換骨，並有足夠的自信和堅實的治學能力，還能有十多本專業的學術書籍出版。

張炎憲教授和我都是戰後世代，可是和我並無深交。由於家庭環境等各方面的因素，他是正常受完各級教育，大學畢業後，又有機會到日本東京大學讀博士學位，回臺以後，在中研院任職，可以說相當順利。黃英哲先生和他很熟，我最早知道張炎憲教授便是來自他。

曹永和教授也和張炎憲教授在中研院的同一單位任職，又因張炎憲教授受林本源文教基金會委託，除定期在臺北市南陽街「基督教女青年會」大樓借場地辦臺灣史的主題演講活動之外，也主編非常重要的《臺灣風物》季刊。我研究生時代常去聽講。之後，我開始在臺灣佛教史領域自己開創出一片新天地，包括林衡道、王世慶、張炎憲教授等人，都對我另眼相看。我也因此能單靠一篇論文〈臺灣戰後佛教淨土思想新動向〉，擊敗同學的碩士論文，成為林本源文教基金會的年度最佳論文獎選拔的其中一位得主。

可是，我批判性太強，不懂得學術界的面子行規，成了不受歡迎的獨行客，或有多人戲稱的可怕學術殺手。在此情況下，我也沒有和臺灣史學界多所交往。如今，張教授已走完他的一生，受他影響的學生不少，他的確令人稱讚，我對他十分肯定。

中央研究院士劉翠溶教授一度擔任副院長，她是那一代最優秀的臺灣女性歷史學者、哈佛博士。明清社會經濟史、臺灣人口學、環境史，她都是最權威的，國內的男性歷史學者對她的學問功力，除了嘆服之外，沒有人敢向她挑戰。她是我在臺大碩士班的導師，曾公開稱讚我是她輔導的研究生中唯一會思考的。

特別的師生緣

我最初會和曹永和老師認識，是透過臺灣師範大學歷史系王啟宗教授介紹。

一九八四年，我因打破臺灣師範大學歷史系夜間部二十幾年來的空前紀錄，考入李敖先生曾讀過的臺大歷史研究所，既感興奮又覺茫然。走在臺大椰林大道上，看著文學院典雅外貌，雖知道自己已好不容易考進來，今後可以在這裡，和來自臺灣各地的菁英學生一起求學，一爭長短，但一切又是那樣陌生，那樣突然，彷彿令人難以置信。一時之間，到底應走哪條路才好呢？我有點不知如何是好。恰巧在報上，曾讀到一些有關曹老師的自學報導，心裡很想向其請教。所以特別先透過臺灣師範大學歷史系王啟宗教授的介紹，再親到臺大校園來拜訪曹老師。

曹老師當時還未獨立正式在臺大歷史所開臺灣史的課。我不知道他能否指導我的研究。去的途中我還一度臨時起意，先去系上另一間研究室，拜見同樣教臺灣史的黃富三老師，向他表明：我想要研究民族英雄鄭成功，並希望他能指導我的研究工作。那天恰巧有太上老師楊雲萍教授在場，他是黃老師的老師，才一見面，就嚴詞考問我日文相關資料的閱讀實力，並要求我一定要學會荷蘭文，否則不接受為該主題的研究生。我一聽之下，差點沒當場昏倒。因我年已三十幾了，有家要養，必須半工半讀，不可能丟下一切，跑去歐洲學荷蘭文。於是，我茫茫然地退出黃老師的研究室，轉往臺大研究圖書館，迫切地希望和不曾見過面的曹先生談一談，看問題如何解決？

我是在臺大研究圖書館的特藏室辦公室見到曹先生。雖是生平第一次和曹先生面對面談話，但就像和熟悉的鄰居長者碰面一樣，一見面就感覺非常親切，不會讓人有威嚴和壓迫感，所以講起話來，十分舒坦和盡興。我先向他報告，楊雲萍教授強烈要求我學荷蘭文的事，並請教他：可不可以向他學荷蘭文？到底荷蘭文裡還有多少有關鄭成功的珍貴史料？曹先生坦白說，他的古典荷蘭文造詣並不深，而且如果只為研究鄭成功才要學古典荷蘭文，其實大可不必。因其中的相關資料並不多。所以他的結論是：我不妨改走其他的學術途徑。

但是，有哪些是適合我的興趣和專長呢？

曹先生聽我談了一段我的苦學歷程，瞭解我長期接觸佛教史的背景和狀況後，大膽建議我應該改研究明代佛教史。那是他早年一度想研究而未實現的學術夢，希望我能完成它！我說，讓我考慮看看。但，其實心裡是接受了。

回到家後，便決定從此要從事中國近代佛教史和臺灣佛教史的研究。這是我生平最重要的學術方向的抉擇。而今回顧，這些年來，自己雖能在學術界有一席之地，並小有成就和名氣。可是，若非曹老師當初對我作了正確的方向指導，是不可能有今天的我。另一方面，這也代表曹老師在臺灣佛教學術研究的重大貢獻。

既接受了曹老師的建議，要更改新的研究路線，我便立刻向學校辦了延遲一年報到的休學手續。在那一年中，我必須克服古典佛學日文的閱讀問題，並儘可能重新結識國內和此研究領域相關的學術社群，以便累積彼等的研究經驗，方便蒐集相關的研究資料。這些我都在一年內辦到了。於是一九八五年秋天，曹老師在臺大史研所正式開臺灣史的課程，我順理成章地成了曹老師在臺大的第一批學生，並且我們師生共同合作，開啟了戰後在臺大十分罕見的臺灣史研究熱潮。

曹老師授課的時間是在星期六上午，為冷門時段。教室在文學院二樓的一間鄰女生廁所的研討室，因此討論課進行時，如太大聲，常引來上廁所女生的一陣白眼。選曹老師課的人，正式和旁聽的加起來有十幾個。除了臺大史研所的學生，臺大法學院和政治大學歷史所的幾位高材生，也加入這一陣容；所以大家討論的風氣很熱烈，讀書的方式和花費的時間，和一般的課堂也大不相同。例如星期六上午四小時的課上完了，大家並不立刻下課回家，反而是約定中午和曹老師一起吃飯，然後下午再繼續進行其他閱讀課，或學界現況參訪活動。

事實上，這些都是額外的授課要求，既無薪水，又花費他大量體力（他出門總是背著一個大書包）和私人時間，但曹老師樂於當學術的廉價勞工，任憑學生的需要，隨時準備被剝削和利用。他像母雞帶小雞，領著我們到處跑，去見該見或應見的機構和學者。而他的人緣之好，每每出人意外。例如有些書商看到他帶學生來，不但書價打折，還花錢請客，簡直不計成本。那是一段充滿快樂和令人難忘的求學歲月，我生平再也不曾碰到第二次了。

由於當初在研究所剛開課上課時，通常是作為班上同學「大師兄」的我，毅然出面領導討論課的進行。曹老師通常像菩薩般靜靜坐在一旁，但仍隨時有求必應地回答任何我們在討論時出現的問題或資料出處。當然，以他多年的職業訓練和本身專精的深厚研究經驗，在這種場合，不用說，他如魚得水，十分稱職。

有了他從旁指導，再加上我主導的討論課，即成了當時最佳的讀書效果。因此大家越讀越起勁，簡直欲罷不能。不只如此，受此學風影響，日後我們這一班的同學，有七成以上在碩士班之後，還繼續在國內外著名的大學攻讀臺灣史的博士學位。如今有不少已是這一領域的行家。我相信，像曹老師這樣的影響之大，在臺灣學界，也是很少見的！

被馴化的神

追憶我與三太子議題有關的一次有意義的學術大對決。對象是一位老外，著名的美國人類學家桑高仁教授。

我年輕時，從《封神榜》這本神魔小說看到新奇、生動情節的李靖（即日後的托塔天王），以及他的三子哪吒（即日後的中壇元帥，或是民間信仰中人人口稱的足踏風火輪、手執乾坤圈的三太子李羅車）這對嚴父孽子相互間的兩代衝突與化解，所謂「削骨還父，割肉報母」這一驚世駭俗，居然以此血親還報而藉以徹底斷絕人倫的曠古未聞之舉，再經由其師太乙真人為其蓮花化身，而重新脫胎換骨，在世上復生。像這樣的神話故事，簡直是匪夷所思的人類經驗。可是，復生之後的哪吒，卻是明清以來臺灣民間信仰中的人氣神明英雄少年，我從小就孰悉祂的故事和神明造型。我喜歡祂！

我想，我們每個人天性內都有自由意志，能自在自為，是人性最高的願望和最大的人生滿足。可是生活的外在環境，不論是自然的，社會的，家庭的，都有既成已然的複雜關係及其形形色色的拘束力，所以人的內在雖是有自在自為的自由意志，可是既為自然人、社會人、家庭人，就必然要繼承、被迫接納或深受影響，而無法自在自為，就像在有限的牢籠中，可以自由活動而已。

能突破牢籠而自由自在的飛翔或自由行為，應該就是被蓮花化身後的新哪吒所代表的新自由典範，少年、自由、威猛、正義、活躍、快樂，疾馳，這都是新哪吒之所以成為民間基層大眾，都深深喜愛祂的重要精神元素吧。可是，近二十年多前左右，當時的臺灣學界，包括中文系學界極為活躍的龔鵬程教授在內，都曾討論過哪吒所代表的，是不受約束，代表著破壞性自由和力量。

當時，著名的美國人類學家桑高仁教授的博士論文，就是研究包括我故鄉桃園縣大溪鎮在內的民眾信仰，他受當時在清華大學歷史研究所任教的人類學家王秋桂教授的邀約，在所內的研究討論室做了一場關於哪吒的自由破壞力的專題演講。他宣稱，龔鵬程教授也有類似的見解。我當時也在清大任教，是王秋桂教授和張永堂所長的熟友，也參加了這場桑高仁教授的專題演講活動。可是，桑高仁教授講完之後，並沒有太踴躍的回響。於是王秋桂教授把視線轉向我，問我的意見如何？我一聽王秋桂教授點我發言，立刻精神大振。

我一開口就說，桑教授的發表非常精彩，但卻是一次根本誤解或完全推論無效的主題解釋。因為《封神榜》的神魔故事就是一個沒有可以例外、都必須受公權力規範的故事。所謂一旦腳踏入西岐城，就必在《封神榜》上留名。

其實，這根本是東方帝制統治原則下，所出現的必然結果，此因皇帝是人間之神，因而所有土地上的生靈，都自然而地必須受到他所代表上天旨意的公權力管制。因此，蓮花化身後的哪吒，即由家人子弟轉成國家體制內的正規化軍事將領，以便幫助姜子牙所指揮的伐紂革命武裝部隊，徹底推翻一切阻礙的邪惡力量，完成新舊政權鼎革之舉。

之後，不論勝利者、失敗者、生者、死者，所有曾涉及這一歷史事件變革的關係者，都必須再度納入新國家體制的規範內。所以，三太子哪吒是新體制內受規範的良好公務員。他被民眾熱誠信仰，是國家主管當局所允許，因此，《封神榜》才不會成為鼓吹反體制革命行為的任意破壞性之書。

我的發言結束，沒有人反駁。我認為這場對決，我是勝利者！

與人類學家的邂逅

現代人類的知識學習，時間非常漫長，除了有人奉行終身學習的概念之外，大多從幼稚園、小學、國中、高中、大學、研究所，一路都是在各階段的教育機構內，接受各種教育。此外，還有各種課外補習，以及網路瀏覽、遊戲和交談。真正完全在生活上的社會體驗和實際環境探索，其實相當有限。

相對於此，我是正規教育體制外的自我學習和社會歷練，比在正規教育體制內的學習時間更長和更繁多。可是，這是特殊的個別家庭因素所導致，我無法不去面對。因而，我在三十二歲進大學讀夜校之前，很羨慕別人可以不工作而一直在讀書。不只如此，當別人口沫橫飛、津津樂道在大學校園的活動、和同學或社團的種種有趣玩笑時，我只能以局外人的陌生客，疏離地旁聽，或尷尬地點頭陪笑。

我的英文或英語程度一直都沒有掌握到學習要領，程度很差。由於英文學習無法突破，我除了加強日文的閱讀能力外，也一度萌生放棄繼續攻讀研究所的念頭。直到有一次參加張炎憲教授帶領、林衡道先生負責導覽的鹿港文物之旅，半途因八十多歲的中央研究院老院士著名人類學家芮逸夫，在泰安休息站迷路、搭錯車，張炎憲教授拜託我全程陪在芮逸夫老院士身邊，免得再度走失，在第二天成為各報的頭版消息。於是，我像孝順的孫子牽著老祖父的手，一路陪著他，落後在整個隊伍之後。

芮逸夫老院士雖是著名的人類學家，在此之前，我和他素昧平生，我奉命陪他之後，他也同樣對我像陌生人，一路只是聽我介紹自己的種種，不發一語，令我既惶恐又不知如何是好？我只好繼續講我自己從小到大的生活歷練和自學狀況，而他還是靜聽而沉默不語。

直到下午三點，在回程之前，我陪他上廁所時，他先是不好意思地提到，他有疝氣的老毛病，接著從口袋掏出紙筆，要我寫下姓名，以為彼此認識的紀念。之後，我們就隨隊搭車北返。這時，倒過來，換他開始說話了。但是他的話令我相當震驚。為何呢？他說他生平走過大江南北，深入苗疆荒野，也接觸過無數的人，卻從未遇過比我生活閱歷更豐富和更會思考的人。他說我不應放棄研究所的學業。因為他和其他的大多數學者，都只會讀書而沒有實際社會生活歷練，因此他特別強調，像我這樣先生活後讀書的學者極為少見，也是最大學習利器。他斷言，以我這樣豐富社會歷練和生活經驗的基礎，來讀歷史或研究學問，對記載人情世故的歷史文獻判讀，無論是認知的精確和深刻的體會，將會比單純的書齋學者高明多多。不出幾年，我就會在學界出人頭地。

之後，我還聽說，他在中央研究院史語所內常對人說，他向我學習了不少生活的知識。可是，他反而是幫了一個倒忙，我知道他是好意和誠意講那些話，但不知情者聽來，認為是我太狂妄和根本目無師長，才敢說我自己所懂的學問比老院士生平所懂的知識還強，因此對我極為排斥。我從未替自己解釋，也從未申請過史語所的工作。但，我卻是臺大學生有史以來，得過史語所創辦人傅斯年紀念獎學金次數最多（八次）的一位。人生有時就是這樣巧妙。更重要的是，我認為老院士當初對我講的那一席話，其價值遠高過能在史語所找到工作。他讓我真正知道，先行生活，然後讀書，有更佳的學習效果。

一次深刻的現身說法

西嶋定生博士是我在臺大歷史研究時代接觸過其中一位讓人印象深刻的日本大學者。

我在臺大歷史所讀書時，一度擔任研究生學會的研討會主席一年，我在任期間，正是臺大校園最不平靜的那一段歲月。因此我努力使臺大歷史所的研討會有正常的學術研討會活動，並曾主辦過一次論文發表會，使得當時的文學院朱炎院長相當感動，他當場自掏腰包捐出四千元來贊助我的研討會活動。

不久，日本東京大學著名且資深的中國中古史博士西嶋定生來所訪問，他曾經歷六十年代東大學生受毛澤東發動文化大革命的影響，是激進派的左翼東大學生，曾在校園進行罷課示威抗議活動，甚至包圍相關教授的研究室叫囂不已。所以我們先請教他這方面的個人經驗究竟如何？他說，日本學生的抗議活動不管如何激烈，都有一清楚的界限，不會逾越，他們不會像大陸紅衛兵學生那樣，敢於打破研究室的門窗，擅自闖入，公然綁架教授和加以不堪的羞辱手段。因此，他都能自在地留在研究室讀書和寫作。

作為研討會主席，我舉手提問一個我很想知道的問題，那就是日本學者是如何吸收西方學術各類精華？為何日本學者最後都有日本自己特色的專業論述提出？這是如何可以辦得到的？

對於我的提問，西嶋教授當場讚嘆不已，他說這是相當有分量的專業提問，他也毫無保留地提出他的全部經驗之談。

據西嶋教授說，日本學者在接受西方的新學說時，通常會經歷三代的不同吸收方式和各自的特色。第一代的學者通常都是先有一個類似百家齊鳴的各自為政狀態，最初沒有一致性的見解，但如此百花齊放的結果，慢慢會出現學術市場的優劣競逐效應，也就是會出現成為主流的詮釋者，而其他次要者的有用觀點，也會被吸收進來。這是集思廣益的最佳結果。

第二代的學者不再爭論第一代學者的相關問題，而是開始盡全力去蒐集第一手的原始資料文獻或證據，以及遍訪各國家的相關專家和所出版的各類著作。他以日本第二代學者在研究馬克思的思想為例，提到馬克思的《資本論》原稿是德文手稿，被蘇聯官方獲得，並譯成俄文版發行，影響深遠。

可是，日本學者後來在蘇聯，也得到複製本全貌，但一經比對，就發現有被刪節或不忠實翻譯的情形，因而名噪一時。至此，日本學者要研究關於馬克思的思想問題，就可與世界其他各國的學者並駕齊驅，不必再仰賴外國學者的各類新詮釋觀點。

第三代的學者就是有日本詮釋特色的論述，可以提出並和西方平等對話之完全成熟期。

兩種歷史觀點

最近新出版的一本歷史評論刊物，有兩篇嚴厲批評黨國時期的臺大歷史所教師的種種問題。其中，特別讓我感興趣的是，提到年輕的李守孔搶到中國近代史的位置，是黨國御用學者。

我之後在《許倬雲談話錄》一書中又讀到他：「臺大歷史系也有很多分歧，沈剛伯先生、劉崇鋐先生是一批人，思想比較自由。姚從吾、吳相湘是國民黨的信徒。李守孔是姚從吾的學生，在臺灣大學所謂知識青年黨部，就是特務組織的一個分支，他們這批人和國民黨的力量常常糾纏不清。」我過去對這些都不清楚，只知道「黑公」（選課學生私下稱近代史老師李守孔教授的綽號）的課是必修。此處只略談談臺大歷史所近代史老師李守孔教授的兩種教學內容。

一九八五年，我進臺大歷史研究所碩士班時，臺灣高等教育體制內的中國近代史必修課程已在鬆綁，慢慢出現選修課程，而且還非常熱門。我也選修了李守孔教授的近代史課程，和其他各年級的學長們一起聽課。一開始，我非常失望，因都是讀講義，一點也不精彩。我曾受李敖影響，滿腦子都是中國近代史的敏感課題，希望在臺大的這位權威學者的課堂上有些不一樣的啟蒙。因此，他的課我聽了幾次後，便在適當時機舉手，請教他一兩個不算是太敏感，卻滿足好奇心之效果的中國近代史祕辛問題。

令我訝異的是，他居然回答我，在正式課程只授課講義內容，若要認真請教，可在課後留下來私下交換意見。我聽後為之大喜。便當場號召有無願意一起在課後留下來聽祕辛？我的建議一提出，果然有部分聽課者同意留下來。於是，從此我每週都開始聽兩種課，一種是正式的，但非常無聊。一種是非正式的私下講授，卻精彩絕倫，不忍提早下課。可是，我們上第二種課時，要有幾個條件配合：先上完正式的無聊課後，其他想留下來的和不想聽的整個分離清楚之後，我們開始拉下窗簾、將房門內鎖。再由學生自動提出問題，李守孔老師負責解答。

我每次都精心準備一些有趣但極敏感的和蔣介石有關的各類問題，來請他解答。當我知道真相之後，我才知道，歷史有兩種：

一種是表演用的，雖公開，但虛偽。

一種是外界未見的真實，卻是醜陋和不堪。

例如，蔣介石曾邀胡適來臺，當中研院院長，並曾親訪中研院與胡適晤談。胡適雖號稱敢當面對蔣說不中聽的批評之語，讓外界對胡適非常推崇。我就此事請教李守孔老師，他卻說，蔣雖當場忍住，可是一回到官邸，便對黃季陸部長，一面怒斥胡適的各種無理和無禮之處，一面吐痰表示對胡適本人的不屑。而黃季陸部長又將此事告訴李守孔教授，以表示他處在蔣與胡二人之間的左右為難。

像這種事，連博學的歷史學者，如余英時先生，都不知道，因有一次余英時先生到臺大歷史所來演講，提到胡適的禪宗史研究問題，我精研此事，一面舉手發言回應，一面提到蔣中正對胡適不滿和私下吐口水之事，令余英時先生大感驚訝。事後，據林美容教授轉告，余英時先生之後曾對當時的現任臺大歷史研究所所長張秀容教授提起，臺大歷史研究所應該特別栽培像我這樣的研究生。我無法求證此事是真或假？

我的結論就是，若要學到有用的學問，當學生的不能腦袋空空，毫無準備。一定要先作好相關課前預習，並帶著各種問題走進教室，這樣才能學到不一樣的真正知識。我的經驗就是如此。

我的喝茶史

我因為教臺灣經濟史的緣故，現在已完全弄清楚茶葉的發酵程度，是茶味差別的最大關鍵。其餘，是品種和製作手法的精拙有關。而喝茶時，沖泡的方式、水溫和時間是否恰當，都有密切的關連。此外，就是氣氛和喝茶環境的影響了。可是，我從小到大，認知的喝茶方式只有一種，就為了解渴，不為其他。而且都不是好茶葉。

我從小每天看大人泡茶，都是熱水滾開，大茶壺或陶缸內，會隨手一把而或兩把地投入黑色茶葉和茶骨（枝），然後將滾水用水瓢舀起，倒入，於是茶味和水氣，就瀰漫出來，非常熟悉的溫暖感覺。就這樣，等到溫度下降，才可以舀起來喝，整天都是如此，放在田埂旁的大水壺，也只是將上述的茶水裝入而已。後來，在學校、在寺廟，凡有供應茶水之處，皆是如此置放。我從不知世上有第二種茶水，而我的喝茶方式，都是一口氣牛飲喝下。我從不知，茶有第二種喝法。

直到我在師大就讀時，因為各門功課都太優異了，所以在師大校友樓住宿過夜時，校內的香港僑生自動來和我認識。之後為了答謝我罩他，趁暑假回香港時，帶回頂級的普洱茶送我。

他說此茶名貴非常，希望我滿意。剛好有師大美術系的同學送我陶藝自製茶杯，我就抓一把普洱茶，放入杯內，再把熱水沖入，便放在一旁，等涼了再喝。但，當我開始喝第一口涼茶時，一股發霉的蟑螂味撲鼻而來，我立刻吐掉、倒掉，再也不敢去碰。等到再次遇到那位送我茶的香港僑生，他還未開口，就被我大大數落一頓，說他的名貴普洱茶，名貴個屁！我非常不滿。他則丈二金剛摸不著頭腦，完全搞糊塗了，不知問題出在何處？為何我會如此對他不滿和如此抱怨？

我真正開竅是讀博士班時，到政大交流之後被安排去貓空喝茶。這是我首次經驗的新式喝茶法。老闆娘親自安排茶具和親自泡茶。我好奇極了。一開始，又聞香又清洗茶杯，然後泡出第一次的一小杯文山包種茶的新鮮茶水，我用拇指和食指輕輕舉杯入口，一股香味撲鼻的特殊茶水味道，以及入口甘潤無比的茶水滲入嘴內和喉部，都令我驚訝無比。

我等到老闆娘泡第五泡，依然茶味不變，才忍不住向老闆娘請教，為何我泡的茶都是苦，而她泡的茶到第五泡了，還是一樣好喝？我於是解釋我的經驗是如何。她聽了之後便一口道出我過去一向對泡茶的認知盲點，就是因為我泡太久了，已把茶鹼都泡出來，當然會苦。過去鄉下的茶葉和茶骨一起放，不苦是因為水很多，把苦味稀釋了，所以不覺得苦澀。

從此，我開始了解。但，我的生活不能有這類優雅的喝茶方式。我的認知雖有進步，但牛飲的方式依然不變。所以我沒有任何資格，談論泡茶的經驗。而我的教學也都只是從產業史、經濟史和文化史，來談茶葉的相關問題而已。

回憶臺灣還沒有臺灣文學研究所以前

清大研究臺灣文學的名教授陳萬益博士，是同時和我放棄研究明末的領域，轉攻臺灣文化研究，他的最佳搭擋是同系任教的呂興昌教授，最推崇的學者是成大歷史系的林瑞明教授。

我之前也在清大兼課，和陳教授很熟，他和詩人李敏勇等常在清大臺北辦事處月涵堂租場地，公開討論臺灣文學的各種議題，奠定日後臺灣許多大學設臺灣文學系和研究所的基礎。他每場都有我陪伴，回新竹時，我坐他開的車，一路談話回到新竹。

每場討論會，在我發言之前，都是平靜無火花，可是我一開始發言，就直言批判其中史料竄改、種種理解的缺陷和不足，於是浪濤激起，風暴擴大，直到終場。那段時間是「臺灣文學」還在形塑的早期階段，可是已有相當多的人自動被吸引來參加，那時柳書琴還在臺大當我的學妹，她是在成大歷史系受林瑞明教授的影響，之後去靜宜大學教兩年書，又到清大讀臺灣文學所博士班，專攻日治後期臺灣文學，畢業後就留校任教迄今。

陳萬益教授看到筆者的上述解說後，立刻在二〇二〇年七月二十五日，在臉書的私訊上，告訴筆者說：

……柳書琴是清大臺灣文學所的博士，這是毫無疑義的；但是，在臺灣文學系所培養自身系所的臺灣文學博士之前，清華大學中國語文系在博士班招生時，設計三個研究組別：古典文學、思想史和臺灣文學／現代文學三個組，臺灣文學／現代文學每年招收臺灣文學和中國現代文學博士生各一名，也可按實際報名學生情況，招收臺文或中現兩名。

這個組的設計是全臺首創，所以，前後大概有六七位博士生因此而來，在中文系以臺灣文學獲博士學位者，清大不是最早的（師大國文系出身的施懿琳、許俊雅等是），但是清大設組招生培養出的幾位臺灣文學博士，或許說是第一個世代的臺灣文學博士，也未嘗不可以。

我在師大高二班的學長黃英哲，雖是留日後才開始從事臺灣文學探索，但他與其他一些日本新銳臺灣文學研究者，也都參與了這個活動。

陳萬益教授對於此事，也在同一時間（二〇二〇年七月二十五日）提供如下補充說明：

黃英哲是一九九〇年代認識的老友，一九九四年十一月，清大舉辦「賴和及其同時代作家國際會議」，其中日本學者十四位，多靠他幫忙，此後臺日間文學的交流合作，持續至今，他的貢獻很大。

我非常感謝陳教授對我上述的回應與珍貴補充說明。至於對本書初稿的讀後感，則是語多鼓勵、盛情殷殷。他說：

> 吾兄的學思歷程與成就堪為典範，年輕時期有幸相識，就折服吾兄的才思敏捷、雄辯滔滔；數十年過來，病體磨難，不減學術的深廣。媒體和臉書上的放言高論，知無不言，毫無避諱，即使不盡然認同，也覺痛快淋漓。回憶錄文風依舊，涉及人事極廣，看來可以在肺炎疫情下，鼓舞人心，引發熱議吧！
>
> 謝謝惠賜書稿雅意，謝謝回憶錄中為人生善緣記下一筆。

不過話雖如此，我還認為，雖然以後臺灣文學系或所紛紛成立，但學術的基本格調，被長期繼承下來，並沒有多大改變。

附帶一提，我研究過最現代性的臺灣佛教女性文學，也研究過最特殊的反佛教滑稽臺語色情文學，並且納入臺灣大學歷史所的畢業博士論文。我的文學品味或許與一些研究日治時代臺灣漢人古典詩的學者不同。因為我是直接研究當時儒佛之爭所寫的，大量使用臺語作詩的反佛教色情詩問題。我重視的是有當代性與社會性的文學作品。

特別師生緣

張忠棟教授是臺灣大學歷史研究所的專任教授，並且早在我進臺大就讀碩士班和博士班之前，已是社會知名的政治評論家。雖然如此，由於我考入臺大歷史研究所的組別是「一般史組」，並非「現代史組」，所以在碩士班階段，我從未選修他的課。

另一方面，由於我是失學十八年之後，費盡千辛萬苦，才以自修同等學力考進大學就讀，年紀較一般同學大許多，又要半工半讀養家，所以有很強的自覺：避免實際介入或參與當時在校園外，正如火如荼進行的各種臺灣政治運動。尤其在考人臺大歷史所以後，我專注於宗教史和明清社會經濟史，並且有意避開所中任何和現實政治太密切的教授和課業。也因此，在碩士班階段，我甚至連在校內和張忠棟教授相遇，都裝作沒看到，就低頭走過去了。

儘管如此，由於臺大的資訊來源一向多而快，我當時對張忠棟教授的校外活動和他的許多報章上的政治評論，其實相當清楚；但僅止於瞭解的層次罷了，談不上什麼好感或惡感。一直要到解嚴後多年，且當時他已證實得了肝癌，而我博士班的課業也修得差不多了，才因幾位才氣縱橫、學識淵博的同門師兄弟潘光哲和劉季倫等人的影響或慫恿之下，正式選了張忠棟教授開的三學分「胡適專題」，並進而和張教授建立了深厚的師生情誼。甚至由他選定為他的生平學術與思想傳記的撰寫人之一。

但，為什麼我會成了張忠棟教授認可、為他立傳的人選之一呢？

其實，在張忠棟教授生前，甚至直到他在一九九九年六月十一日晚，病故於臺大醫院之前兩個多月，我們在電話中談起關於自由主義的種種時，他都只提到：他的「傳記部分」可由我來執筆，卻沒說明理由為何？

因此，我只能根據自己的理解來談，我和張忠棟教授之間的一些交往情形。

假如我的理解沒錯的話，我應是張忠棟教授在臺大任教職三十幾年來，課業評鑑少數成績最頂尖的學生之一（據他自己說，我的成績是空前的）。作為他的「高徒」之一，為自己的業師立傳，似乎也理所當然。可是，我不認為這是一個好的理由。

認識我的人都知道：我一向不拍任何老師的馬屁；並且我在臺大的學業之優秀，幾乎科科皆然，故我不可能為此而替任何人立傳。所以，我和張忠棟教授的深厚師生情，乃至他有為其撰「傳記」之請託，應還有其他的因素在才對。

猶記得一九九二年秋季開學以後，雖選了張忠棟教授的「胡適專題」，但是，我當時並不看好他的課可以如期開課或上下去。因我一直擔心罹患肝癌的他，不知身體狀況如何？何況每星期一次三小時連續的博士班專題討論課，不知道他要如何撐下來？

直到開學後第一次上課，才確定課可以上下去。

可是怎麼進行呢？

其實，當時我們選這門課的幾個博士生，都是讀書狂，坦白說，對相關課題的資料和研究現況，並不比授課的張忠棟教授知道的少。更何況，在臺大，我一向是此類討論課的靈魂人物，根本不用擔心張忠棟教授屆時會玩什麼花招。可是，他上第一堂課，就出乎我們大家的意外。當時最尷尬的，是劉季倫學長。因他早在幾年前，就寫書評，評論過張忠棟教授的名著《胡適五論》（臺北：允晨，一九八七年）。此外，他自己所擁有和胡適研究的相關著作，也幾乎都帶來了。至於潘光哲學弟，則幾乎是這方面的權威，因此不用說，他帶來的相關資料，同樣齊全。

在這種情形之下上課，通常都是，教授先介紹自己的相關著作或觀點，然後由學生接手發問或表示意見，接著就是：規定第二次及以後各次的討論方式，和個人負責報告的部分。所以上課一開始，張忠棟教授發現大家幾乎都人手一本他的書，便問大家：對「胡適專題」這一課程有何意見？

恰巧當天，劉季倫學長因緊鄰張忠棟教授而坐，率先發言，打算介紹他曾寫過書評的張著《胡適五論》。誰知，張忠棟教授一聽，便制止了，並說不想在課堂上討論自己書中已寫過的意見。此舉大出大家的意料之外，因此都愣住了，不知如何介面，氣氛很尷尬。

我並不喜歡當時現場的情況，也不願認輸。於是我主動要求發言，打算反擊張忠棟教授。因此我隨口提出一個很尖銳、但不一定正確的相關問題。我說：「歷來的胡適研究者，很少注意到毛澤東的革命事業的成功與胡適論政所以無效的根本差別，即毛澤東在一九三〇年五月發表《反對本本主義》一文所提到的：『沒有調查，就沒有發言權。調查就是解決問題。』對現實政治的理解和動員群眾，都不能架空而談。試問胡適對中國的政治現況，何時作過調查呢？

「事實上，社會科學的調查和統計的方法運用，胡適一生中，都是很陌生的，所以他的立論，常成空談；相反的，他的下一代學生，如傅斯年留歐時就對統計方法和社會科學用心很深，因此他的立論較有成效和日後也較能辦大事。而毛澤東的革命成功，也應是和他能真正走入田野，實際理解現況有關。因此，像胡適這樣慣於在舒適的書齋中，發空言評論的學者，也許能享有名氣，也許是個所謂的自由主義者，但論政的無效，卻是他的最大悲哀！」

我當時一面講，一面想看看張忠棟教授如何反應？如果他發火，我就準備退選這門課。反正我該修的博士班學分早超過了，根本不在乎這三學分。當時誰也沒料到，這是一個妙點子。張忠棟教授一聽完，首先就表示對我這一評論意見的讚許！潘光哲學弟接著問張忠棟教授他到美國念博士學位時，學科的訓練如何？他的回答是：和胡適讀書的時期有極大的不同，即很重視社會科學方法學方面的訓練。

由於話題對頭，大家都找到發言的空間，討論立刻熱鬧起來，三小時很快就過去了。從此，我一直到學期終了，都不斷創造話題，甚至碰到我請假，大家就跟著停課一次，而潘光哲學弟則到處搬來相關資料。因此，當時我們幾乎窮盡式地，不論官家機構或私人收藏，凡能借到的都不放過。例如中研院近史所陳儀深博士私人收藏的相關大陸資料，幾乎有百分之八十以上，都因此被我們各自複製一套影印本。其餘的可以類推。因此迄今，我仍相信：有關胡適的相關資料，就私人收藏而言，大概很少有人能和我們這些師兄弟所擁有的相比。

另一方面，既然論題的發展和資料的擁有，都超越張忠棟教授之前所研究的和所曾過目的，所以他來上課，名義上是「課程教授」，但他興致勃勃地和大家「辯」成一團。而且，每遇上課盡興，為了表示嘉許，下了課，就由張忠棟教授親選餐館、親自點菜，全部由他付帳，讓大家過過癮。

我相信，張忠棟教授一生中，在一學期內，與學生上餐館的次數之多，和興致之高，除了和我們這一班之外，大概找不到第二班了。

據我所知，這樣高水準的班級組成和討論狀況，也是他教書一生的最高峰，以後就成了絕響。直到他去世為止，都是如此（張忠棟教授晚年學術事業的合作者，主要還是我們這些師兄弟）。可以說，張忠棟教授在晚年，是有一些極優秀的後輩來當他的知音。這在臺大歷史所也是少見。可是，這也不是我要替他立傳的主要原因。何況我個人在一九九六年三月，也證實罹患「多發性骨髓癌」，並長期在醫院做各種治療（迄今除行動稍有不便之外，一切正常）。

張忠棟教授是我發病之初，最先到醫院探望我的臺大老師之一。以後，只要他知道我的病情有需要，例如他以為我要動骨科手術，他立刻先和臺大骨科權威陳博光大夫聯絡，請他協助。甚至一直到去年，他仍為我的治療費用和生活費，花了不少力氣（其中包括他的一些誤解在內）。張忠棟教授固然關心我，但我實在算不上是他走得最近的學生，只有潘光哲和劉季倫兩個人才稱得上。例如張忠棟教授所主編關於自由主義論文集，主要就是潘、劉和薛化元學長等人負責。

不過，我的批判性比較強，立場比較超然。更重要的是，如何論述和定位張忠棟教授作為繼胡適、雷震、殷海光之後的又一自由主義者，事實上是我最先提出的——當時我們是在檢討胡適晚年的處境，而張忠棟教授的相關書籍之一的書名是《胡適、雷震、殷海光——自由主義人物畫像》（臺北：自立晚報，一九九〇年），因此，我才會提到此事。

而張忠棟教授當時聽了，也不認為我是在開玩笑，但他立刻建議：應由江燦騰來寫！坦白說，當時我沒什麼興趣花時間寫他的傳記。我全部精神都用在臺灣佛教史的研究上，正意氣風發，每年都出版新書。所以，張教授也未進一步和我談起相關的後續的工作。

但他當時指定：「有關幾十年來胡適禪學的爭辯學術史，就作為江燦騰的學期報告，不許改題、不許沒交。」結果，我之前已花十年蒐集的相關資料，就這樣開花結果：我交出的一篇近七萬字的完整論文，立刻獲得他生平所給的最高學業評價。

雖然如此，直到執筆寫這篇文章時，我依然未意識到：他會那麼快過世；而我居然也還活著，並真的要為他寫傳記。

張忠棟教授於今年六月十一日病故時，臺大的師兄弟因擔心我的病情不堪負荷，原先是不準備讓我知道。但童長義學弟知道我會關心此事，特地打電話告訴我。等我自己聯絡之後，又很難過的知道：張忠棟教授是被昔日的老戰友氣死的！因此，我頓時感到對張忠棟教授很愧疚。因今年春天以來，我和張忠棟教授其實有過三次的電話長談。

第一次，他送我他「允晨」重新出版的《自由主義人物》，這是原先在自立晚報出版社出版的《胡適、雷震、殷海光》的增訂版。所增加的部分，我在《當代》已讀過了。我的建議是：如有再版的機會，可將書名修訂為「戰後臺灣自由主義人物」，較名符其實；並且可加一「導論」解明「何謂自由主義？」以助讀者理解。他很同意。

第二次，是因《中國時報》「人間副刊」登出戰後臺灣自由主義的長篇對談。我問張忠棟教授：對此有何看法？他的回答是其中有不少誤解和不公平之處，建議我有機會可撰文反駁；然後又重提要我撰寫自由主義人物思想傳記之約。

第三次是他要我來臺北時，和他約地方見面長談。我答應了，但遲遲未兌現。更沒料到，才兩個多月而已，他就過世了。因此我們雙方約定的會面，只有等到我也前往黃泉路上再談了。

張忠棟教授過世後，我驚訝的發現，除了李敖在有線電視「真相臺」所主持的「笑傲江湖」節目上，極力嘲諷所謂「張忠棟之流的自由主義者」之外，報章媒體的報導和各方的評論，都一致肯定他的一生，是作為一個自由主義者，對臺灣民主政治的卓越貢獻。特別是，當我參與一九九九年六月十九日，在臺北市「靈糧堂」所舉辦的追悼會之後，回到竹北家中，將所聽所看到的仔細整理了一下，又發現：自己所理解的張忠棟教授印象，和別人所理解的張忠棟教授印象，居然大不相同。

怎麼會這樣？我惶惑之餘，為了解決這一認知上的差距，於是一方面打電話請在臺北的潘光哲學弟幫忙，把張忠棟教授早期出版的幾本評論集，全借給我閱讀；一方面，則把張忠棟教授多年來在《中國論壇》上所參與的相關座談會發言紀錄，再全部仔細讀了一遍。如此一來，我敢於自信：自己所理解的張忠棟教授印象，其實是沒問題的！於是我打電話給《當代》主編金恆煒先生，表示自己想為張忠棟教授寫一篇紀念的文章。金先生則回說，因作業很趕，要我文章快點寫。

因此這裡，我條列式地將要說的意見表達如下：

其一，張忠棟教授的一生，其實是很幸運的。早在六十年代初期，他以碩士論文《東漢之教育與士風》剛自臺大歷史研究所畢業，就受聘為系上專任教師，並且很順利地在幾年之內，由講師升到副教授和教授。

七十年代初期，他去美國讀博士學位之前，已是一位小有名氣的正教授了。以後，他雖寫文章批評時政多年，甚至在解嚴之後，加入民進黨，為該黨的不分區國大代表之一，也未遭到類似殷海光教授早年在臺大所面臨的困境。

其二，張忠棟教授和他在臺大歷史所的前後期同學比起來，是屬於比較活躍的一位。特別是他由中國中古史的研究，轉為近現代中美關係史的研究之後，由於正逢臺美關係生變之際，他感於身為大學教授的知識分子角色及責任，於是經常在各媒體上發表時事的觀察和評論，並因而逐漸成為媒體的常客和社會知名的臺大教授。

可是一般而言，他的評論意見，只是穩健的合理看法，文筆雖明白流暢，但無太特殊或較深刻之處。因此，在七十年代中期之前，他的角色，可說是標準的國民黨樣版的臺大教授。他的轉變，是在之後逐漸發生的，也就是說，他是伴隨臺灣政治反對運動的發展而被捲入的。

其三，張忠棟教授是外省籍（漢口市人），但娶的妻子則是本省籍的張夫人。因此，張忠棟教授常以自己為例，不認為有真正的省籍情結。

解嚴前後，臺灣內部為族群問題和統獨問題進行大辯論時，張忠棟教授在一些相關的座談會上發言，一貫表示，有好的民主制度和真正落實憲政，即無族群和統獨問題。他的立場是前後一致。

可是，他過於簡化問題的複雜性，說服力不是很強。

其四，張忠棟教授並非一開始，就界定自己是自由主義者。他是從胡適的政治態度，逐漸理解胡適作為近代中國著名的知識分子和自由主義者的角色真相，然後對照自己參與臺灣當代政治改革的經驗，而後產生強烈認同的。這也就是為什麼李敖先生要強烈地批評他的原因。雖然如此，張忠棟教授的穩健、無意識形態的包袱和務實的政治評論觀點，對當代臺灣社會而言，真正是一份珍貴的經驗和社會資產，值得全民學習和感念！

其五，張忠棟教授是一位重視生活品味的大學教授。他在臺北近郊的家，我多年前去過一次，環境之優美，是像我這種窮工人出身的後輩，連夢想都不曾夢見過的。

良師益友

黃英哲教授與我

除了在臉書上，偶爾會看到在日本私立大學教書的黃英哲教授，在我的貼文按讚之外，我已多年沒有遇見他了。

黃英哲的年齡比我小很多，因為我較一般正常進大學的年齡，幾乎晚了十八年多。這導致我考入大學就讀一年級時，他已是大三了。因此，他其實是我的學長。

他的家庭環境很好，在師大附近的民宅租屋，我認識他以後，他曾帶我進去參觀過一次。他是對知識有多方面興趣的人，遇新奇的或罕見的出版品，他都很快弄到手，通常搶在一般同學知道之前，已瞭如指掌。

黃英哲的禁書資訊非比尋常，我讀到的當時大禁書：史明的《臺灣人四百年史》上下冊，就是他慷慨和我分享的。我記得，他當時還一面半開玩笑的說，被抓到的話，就是瓜蔓抄了！

此外，他先畢業，可是在國內相關研究所的考試都不順，他還蒐集了各研究所的歷次考題，當時有專門的小販在賣，我也分享了這些資料的一部分。這對我考取臺大歷史研究所幫助很大。

因為只要知道它是如何出題，我就知道如何應對。可是，我對黃英哲說，還是到日本去尋求機會吧，他也接受了。其後，黃英哲教授果然在日本找到自己學術的一片天。

之後，我是在清華大學臺北辦事處月涵堂，因參與清大中文系陳萬益教授、呂興昌教授所規劃的臺灣文學專題報告討論會，才遇到作為報告者的黃英哲。另外，我也讀到他翻譯黃昭堂的名著《臺灣總督府》一書的出版。總之，他已是正在崛起的優秀學者了。

憤怒之語之謎

我和戴國煇教授生前只有一面之緣，他透過南天書局的魏德文先生約我晤面和請吃飯，我答應，也赴約了。他對我相當敬重。他應該是讀過我在南天書局出的著作。所以，我和他對談的話題，只是關於戴國煇教授門下最後一位博士班的女研究生胎中千鶴的博士論文問題。

當時，胎中千鶴的博士論文主題，最初是著眼於日本殖民時期的日本佛教在臺問題。我據後來看到胎中千鶴在日本學報上所發表的兩篇相關論文來看，是相當優秀的論述，和另一位日本學者松金公正博士生的研究相比，絕不遜色。可是，松金公正早先來臺時，受我和王見川博士的慫恿，從中古大陸佛教的研究轉為專研日本殖民時期的日本佛教史，已陸續發表多篇論文，因此堪稱是胎中千鶴的前輩學者。兩人既為同行，又相互競爭，自無互相切磋的可能。

胎中千鶴在臺灣有一位同門學長，就是目前在成功大學歷史系所任教的陳梅卿博士，她也是我的學界好友之一，所以胎中千鶴來臺期間，常與陳梅卿博士聯絡或借住。可是，陳梅卿博士的專長，是清末的臺灣基督教研究，無助於胎中千鶴的博士論文之研究。

我想，這就是戴國煇教授生前所以會約我吃飯，並託以幫忙指導門下研究的主要原因。容貌清麗無比的胎中千鶴也只和我見過一次面而已。之後，她的博士論文主題就改成日治時期的日人墓園問題研究，算是開創性的，她曾贈我一份全文的影印本。

戴國煇教授成名甚早，他和張良澤教授一樣，都有大量收藏臺灣文獻著作或史料的癖好，既是治學所必須，同時也藉此能享譽於同行的學者之間。而我的研究專長，卻與此兩位的專長與癖好無關，所以並不特別看重，也無深入的真正了解。我在臺大歷史研究所長期研究日本殖民時期的臺灣史，特別是佛教文化史，兼以師長和同學都是對此領域相當專長的極佳切磋同伴，所以戴國煇先生的學術合作夥伴或所主導的相關日文研究期刊，我是不陌生的。甚至，後期他和日本少壯派臺灣史研究的新銳學者之間的離合問題，也多少有些耳聞。

可是，為何此事對戴國煇教授的衝擊會如此之大？我很難以理解。因為根據南天書局魏德文先生親口對我的轉述，戴國煇教授在臺大醫院的加護病房內，已是病況相當嚴重的時候，仍對來探望的魏德文先生不斷地痛斥任教東京大學的若林正丈教授。原因何在？我並不清楚。

正如林衡道先生有一次在臺大的日治臺灣史國際學術會議上，他坐在底下旁聽，卻對臺上發言的若林正丈教授大聲怒罵日語，除了全場震驚之外，我也不知當中兩者之間所出現的尖銳對抗點何在？

當我指責林衡道先生對於臺灣宗教的大量調查報導是膚淺的、非專業的，他卻能立刻承認自己的認知極限，又稱後來者居上，他無話可說。可見，林衡道先生是很有風度的前輩學者，令人敬佩！

至於戴國煇教授，八十年代末以後，日本的學術界與言論界關於臺灣問題的發言權，若林正丈教授取代了戴國煇教授，或許導致他內心頗感寂寞。但是黃英哲教授也說若林正丈教授在很多文章裡都尊稱戴國煇教授為老師，而且從來也沒有聽說過若林正丈教授在公開場合或私下場合批評過戴國煇教授。

從李獻章博士談起

李獻章博士是桃園大溪人，是留日返臺研究媽祖的開創者和最偉大的權威，國內外研究媽祖的學者，都是從他的研究成果再出發的。

澳門的取名，就是媽祖宮的閩南發音，李獻章第一本媽祖研究博士論文日文版被譯成中文出版，就是在澳門。反而臺灣沒有完整的中譯本，只有一些單篇中文論文而已。

我在臺大讀博碩士時期，臺大研究圖書館的特藏室鐵門深鎖。而我最大的好奇，是想看看裡面的東西有哪些外界從來沒看過？我是研究臺灣史的本科博士生，透過曹老師的幫助終於拿到開門的鑰匙。可是，當我把門用力推開的那一剎那，立刻一陣惡臭撲鼻而來，並且看到裡面到處是厚厚灰塵並沾滿噁心的蟑螂糞便。雖然我終於還是從中找到伊能嘉矩的珍貴手稿，可是上面也沾了許多蟑螂大便，令我憤怒極了。

我事後向校方檢舉，特藏室內的珍貴文物被不當糟蹋。但研究圖書館的負責人立刻到所裡，來找那位居然敢向校方檢舉的我這位缺德研究生。我從研究室走出來，與他擦肩而過，他也沒發現要找的就是我本人，於是此事便不了了之。之後，學校決定向教育部申請數百萬的重整古籍費用。但計畫書很差，無法通過。校務會議決定，由我在暑假期間返校，幫忙把計畫書重新搞定，終於有幾百萬元的教育部補助款可用。可是，執行計畫的教授找了二十幾位研究生幫忙，只有我不在其內。因為我是那位缺德的研究生。所以，我被徹底邊緣化。

那些現在像寶物被存放的珍貴文物，可是永遠欠我一份人情。

另外在地下儲藏室，我還找到大量未被閱讀、屬於戰前臺北帝國大學圖書館內所珍藏的日本武士道精神史文獻，可能我也是幾十年來的第一位讀者。如今，我是唯一的權威。李獻章博士的其他研究資料，也一併被我找到。我是戰後桃園大溪的偉大佛教史學家，我將李獻章博士當成桃園同鄉的偉大前輩，兩者互相輝映。

往事雜憶

突然想起多年的一件事，那時關世謙先生還在新竹市議會擔任祕書，也常在佛教期刊上發表譯自日文佛學的文章。他和個子嬌小的妻子，住在新竹市南門街的一棟老舊日式平房宿舍內。關世謙先生也因一九四九年大陸變局而來到臺灣新竹，又是虔誠的佛教徒，所以對於大陸僧侶在當地的活動，他都熱心參與，熟知來龍去脈。

我當時是機房操作員，負責氧氣製造，另一方面又在攻讀碩士班，專攻明代佛教史。我曾請關世謙先生翻譯一本臺大圖書館館藏的日本佛教學者阿部肇一的《中國禪宗史》增訂版，其後此譯本是由三民書局的東大出版社出版。關世謙先生也翻譯日本著名佛教學者鎌田茂雄的《中國佛教通史》數冊，交由佛光出版社出版。為此，鎌田茂雄想幫關世謙先生在日本用論文申請博士學位。關世謙先生當然無此能力，就相當禮遇我，其用意自然不言而喻。我當時曾代擬一份北宋明教大師契嵩的佛教思想研究計畫書，關世謙先生譯成日文，寄給鎌田茂雄看，鎌田茂雄回信，大為讚嘆。

因為這樣的關係，我常從竹北家中騎機車到關世謙先生的南門街宿舍。

當時臺灣政治解嚴初期，先前管制思想的環境已大為開放了。臺灣知識菁英的活躍表現有《當代》、《中國論壇》、《思與言》等刊物，可以暢所欲談。而我主要是在《當代》上發表。其中有一篇是我討論臺灣佛教高等教育的問題，特別指名當代臺灣佛教界首席佛學權威印順導師本人，應在有生之年，針對新儒家大師牟宗三的《佛性與般若》中，對印順本人觀點的批評有所回應，不應留下未解的問題，讓我們這些後輩學者來煩惱。

沒想到，有一天我去關先生家，他剛從新竹市東郊丘陵上的福嚴佛學院回來。他是去參加印順導師的生日慶祝會。他告訴我，參加導師生日慶祝會的人很多，可是導師一個人坐在沙發椅上，手裡拿著《當代》雜誌，正認真讀我的文章。關先生對他說，他認識作者。結果，印順導師拿著《當代》雜誌給關先生看，嘴裡一直在抱怨著：你看看，你看看，還居然要我和牟宗三辯論！

我頓時恍然大悟，任何學者都是重視自己的學術思想在專業同行中的看法。所以，他對生日活動是否熱鬧，一點也不在乎。他在乎的是，我居然丟給他一個傷腦筋的學術課題！

後來印順導師本人也親筆給我一封信。我知道，他把我當知音，因此他對我特別客氣，態度也和對其他人不同。我記得他九十二歲那年，我到福嚴看他，因假日大門關閉，等通報後打開，我進去時，抬頭一看，九十二歲的他居然在二樓的走廊上一手扶著鐵欄杆，一手對我揮舞，表示歡迎。令我無比感動。也就是在這訪談中，他坦承並不反對共產主義，認為那是人類的理想之一，所以毋需反對。但，他反對用殘酷的手段來傳播共產主義。

臺灣佛教軼事

多年來有幾位當代臺灣宗教學界同道，一直說我江某個人何時離開世界並不是重點，可是，若沒為後世讀者留下一部《佛林外史》就掛了，一定要罵我是歷史罪人。因為誰也沒有像我知道這麼多獨家的當代佛教祕史。

可是，知道是一回事，寫出來是一回事，所以我遲遲未動筆。但幾年前臺南市永康區小東山妙心寺的住持釋傳道比丘，曾重提此事，並催早日動筆。所以，我先試著寫幾篇臺灣佛教軼事看看，之後再決定往後該如何寫？或要不要繼續寫？

之一、藍吉富先生是個風趣的人，誰都知道他是臺灣搞佛教文獻的權威。有時為了便利國內同道研究，兼賺取生活費，他會翻印日本人出版的佛教書籍。因為臺灣印書便宜，他的書有時甚至回銷日本。有一次日本的書商在聚會時，當面向他抗議侵犯版權。誰知，藍先生不慌不忙，滿臉含笑，理直氣壯地站起來答辯說：

「過去一千多年來，日本人從中國取回佛經無數，從來也沒有提到版權的問題。由於中國提供了那麼多經書，才有日本的佛教興起。今天，是日本人回饋中國佛教界的時候了！等我們佛教再興起時，可以讓你們像從前那樣翻印，絕不計較你們的版權費。你們說：好不好？」

講完，日本書商們一齊報以熱烈的掌聲。

之二、另一個類似的故事，是吳老擇先生告訴我的。民國五十幾年的時候，臺灣佛教界後起之秀聖嚴法師，排除萬難，前往日本讀佛教大學。但是他正式的學歷不夠，不能進大學讀書。那時吳老擇先生在日本立正大學教書，便親自向學校當局交涉，但都被婉拒了。

後來，吳老擇先生很強硬地告訴學校：「你們隋唐時期，派那樣多留學僧到中國來，中國人是怎樣對待你們的？有沒有問你們學歷的問題？程度夠不夠？現在你們強了，卻對中國的出家人這樣百般留難！講得過去嗎？」

立正大學當局覺得這番話不無道理，便准聖嚴法師以同等學歷先進碩士班試讀，成績及格，才變正式生。果然不負眾望，聖嚴法師先後通過碩士班和博士班的課程，取得了立正大學的文學博士學位，是當時中國佛教界正式攻讀博士學位有成的第一人！聖嚴法師說吳老擇先生是他的「引禮佛」。也就是幫他進立正大學的恩人。

之三、吳老擇先生曾出家受戒，後來再還俗。在臺灣受比丘戒的人，頭皮上要用香火燒幾個疤痕，燒的時候很痛，燒過的地方，不長頭髮，痕跡明顯。但是吳老擇先生的頭上，現在卻看不出有香疤的痕跡。我問他為什麼？

他說，當初在傳戒場，白聖法師他們要為他燒香疤時，他不肯，理由是佛教戒律中沒有這項規定。如果找得出有這項記載，他就服從。他的抗辯有理，但戒場規矩又不能破，結果採取折衷的辦法，在他頭上點幾個小香疤。不注意根本看不出來。吳先生曾在福嚴精舍隨印順法師讀過好幾年書，見識果然不同凡響。

之四、在臺灣，論建道場的速度和能耐，星雲法師要數第一，以如是富可敵國的基業，走到哪裡，都能捲起一陣旋風。連大陸佛教界和政府官員，都對他客氣到極點！就這份能耐而言，臺灣佛教界無人可以相比。

星雲法師的成功，當然有他的一套，別人羨慕或嫉妒，都不能阻擋他像烈日當空的強烈光芒。其實，他的成功祕訣包括好幾個方面：一、對內實施軍事化管理，有效而充分地運用人力資源。他的徒弟個個精明能幹，主要就是在充分授權之下，拚足了力氣去達成任務！二、他的弘法是走社會化路線，運用大眾傳播媒體，且經過評估和萬全準備，才展開活動。三、在臺灣很少有道場，能像佛光山這樣，每年年底就排定下年度的行事曆，清清楚楚，印在精美手冊上發給信徒和辦事人員，讓其瞭解。佛光山的信徒是非常幸運的，不用發愁一年當中朝山和各項活動該怎麼辦，你要什麼樣的佛教服務，佛光山一概俱全。讓你享受服務，充滿了喜悅和希望！

像這樣的人間佛教，人人樂於接受，其成功自是必然的！

之五、佛光山各道場皆實施輪調制度，以免徒眾有貪戀之心，妨礙道業。暗中也有防止徒弟坐大，不易控制的作用在。但有些徒弟因創業有功，不願接受如此安排，便告別佛光山，自奔前途。

星雲大師了不起的地方是：對即將離去的徒弟，一定先勸解、挽留；如果無效，即對著徒弟自責自己福薄、無德，甚至流淚滿面，以示惜才。經過這樣精神洗禮的人，大致上縱使離開，也不會對師父口發怨言，或大肆攻擊。這就是星雲大師所以比別人高明的地方！

之六、我三十幾年前，第一次到佛光山寺去參加青年佛教學術會議，楊惠南教授、藍吉富先生二位則同時前往香港參加法住學會創辦人霍韜晦先生主辦的「大虛大師百年誕辰佛教學術研討會」。這是解嚴之後，在海峽兩岸三地非常重要的佛教思想交流。我和楊惠南教授等，關於近代華人佛教信仰從人生佛教思想轉為人間佛教思想的近三年爭論，終於開始從臺北的佛教知識菁英圈內，朝海峽兩岸三地擴散出去。

我在佛光山的會議之後，招待與會者在東禪樓開檢討會，我故意挑選和星雲法師正面相對的座位來坐，並當眾先問他要聽真話？還是假話？笨蛋也知，他一定會說，要聽真話！

我趁此良機公開批評佛光山此次派出來的僧尼代表的論文，其實是宗教信仰的告白書，而非正規的佛教學術論文，這證明佛光山過去多年的佛學教育是有問題的，不但師資、教學有問題，僧眾的學習效果也不佳！我講到這裡，眼睛還銳利地直視著長桌對向的星雲本人，我好奇的等著他跳腳、暴跳如雷的痛斥我，使場面成為完全失控的佛教空前大鬧劇？

星雲不愧是老於江湖者，他當時明明臉色鐵青、內心憤怒至極，卻仍強忍下來，並有點尷尬的擺出一張笑臉說，這是他生平聽過人間最美麗、最真實的語言，而且為了感謝這一點，他特地當眾宣布，要贈送我一套五冊精裝的《佛光大辭典》，於是我成了當天唯一的暴發戶學者。

可是，我旁邊下一位要發言的黃教授，沒有注意到星雲的怒氣已達快爆炸的臨界點了，還提出類似的問題，試圖成為當天繼我之後的第二個暴發戶學者。結果，星雲才聽他說兩句，就不客氣的對他揮手說，夠了！不要再說！今天的檢討會就到這裡，散會！

之七、有一次，我應中央大學文學所的李瑞騰所長之邀，特別擔任當時剛卸任陸委會文教處處長職位的龔鵬程教授的論文講評，他特別對我說，對於老龔這篇號稱六十年新開創的晚明袁中郎佛教淨土思想的四萬字大論文，大家公推由我江某站到第一線，直接和老龔對決！

於是，我準備了半布袋的相關研究資料，帶到現場，預備針對龔鵬程教授的論文所提的新創見，一本、一本、一篇、一篇，讓他看看，他沒有讀過的書有多少？

果然，我擔任講評時，原本氣定神閒的龔鵬程教授，正好奇看我能否有效批評他所講過的那些觀點時，我的表現一開頭就讓他大出意料之外。我不慌不忙地先把帶來的快半布袋的相關著作都傾倒出來，一本一本地全部擺在講桌上，然後一開口便開門見山地說道：「……這是相關的第一本，龔教授沒看過。這是相關的第二本，龔教授沒提到。這是相關的第三本，龔教授根本沒提及。」誰知，當我還想往下繼續當眾舉書為證來說時，已在一旁坐立難安的龔鵬程教授居然自動開口對我說：「江，你不要再講了，趕快把書借我！」所以，我的講評才三分鐘不到，就宣告結束了。連討論都省了。

佛光山文教基金會是那次會議「佛教語文學」的經費贊助者，釋依空比丘尼帶領一群佛光山寺院內的年輕比丘尼來大會現場。然後，有一位我後來才知道她是楊惠南教授的姪女、法名叫釋滿貴的年輕比丘尼，在大門口張開手臂當眾攔住我，並大聲的說：你以前不是說我們佛光山的論文不行嗎？好，我們讓你來證明你的批評的確是對的，此一機會，就是你來當我的論文指導教授，你不能拒絕！

我當時突然瞭解，古代男人被逼婚，是何種滋味了。所以，我不能逃避，只好點頭答應。指導釋滿貴比丘尼的學位論文〈明末華嚴思想研究〉，費時三年，也成佛光山開山數十年來，學術水準最高的佛學論文，連日本當時的華嚴學權威學者鐮田茂雄教授，看了之後，都大為稱讚。目前中研院文哲所的廖兆亨博士正在研究和撰述明末的華嚴思想，而釋滿貴比丘尼的學位論文〈明末華嚴思想研究〉的複製本，就是由我提供的。

此外，我因指導論文，也同時應邀在佛光山的叢林學院教授三年的論文寫作方法。在我之前，成大的石萬壽教授、藍吉富先生、楊白依先生、游祥洲博士，都曾擔任其他佛學或佛教史的教學工作。所以，我是後輩。那是一個男性止步的禁地，教書在教室進行沒有問題。我和釋滿貴比丘尼的論文指導，也是選在臺北普門寺的大殿中進行，絕不得有任何緋聞沾身，這就是我一開始明確自我約束的行動原則。

可能是我沒有架子、講話誠懇、教學又嚴格認真，所以立刻獲得極大的好評和尊重。其誇張的程度如下：當我講課告一段落，想喝口水時，我才一伸手，杯子沒碰到，卻同時有八杯泡好的茶水，像搶標一樣，一起快速擺到我面前！我的媽呀？這豈不是摩西當年流浪在葉赫家的情境重演？

這是出家的年輕比丘尼教授的講桌前呀，我只好感謝、再感謝。回到家，面對妻子老澆我冷水，我更是感嘆萬分，卻又不敢透露半點風聲。而這些我教過的學生，其後因為我批評佛光山的星雲迎假佛牙，而斷絕彼此的往來。

之前，我和學生會在其他佛教寺院私下晤談，她們請假出來，都是優秀的菁英，和我討論的，都是佛教未來的走向問題和現實上所遭遇的困擾。

之八、邂逅新文豐的高本釗先生，不論對我或對高先生，都說得上是人生中最大的驚奇之一，且是在一種很奇妙的因緣下形成的。

高先生是長期在臺北市開設大型佛教書籍出版公司的負責人，常接觸國內外著名的佛教學者，許多上下游的出版同業、書店經銷商、甚至連整個佛教界的有名法師和居士大德，他也認識不少。可是，三十幾年前，我當時仍是一個年紀稍大的臺大歷史所的研究生，既非佛教名人，可能也不曾買過高先生出版的書籍。因此縱使他在臺北市的馬路上遇到我，也不會知道我是誰。像我這樣區區的無名小子，居然會讓大名鼎鼎的聖嚴大法師，想要贈我一件空前的厚禮——高先生在新文豐所出的一整套《大正藏》。

這是怎麼回事？簡直令高先生傻眼了。

另一方面，高先生與聖嚴法師，其實是很熟的，高先生也知道聖嚴法師是不亂花錢；在此之前，聖嚴法師只贈送南加大和私立東吳大學哲學系各一套《大正藏》而已，從無贈個人之舉。如今為何他會有此異常之舉呢？當然，聖嚴大法師之所以會告訴高先生，是因他向高先生勸募來轉贈我。

高先生雖是真正要出錢且還得代人送書的大功德主，居然不知道所要贈書的對象是誰，可說有點令人啼笑皆非。他當時唯一能知道的線索是，被指定贈書者是一位叫「江燦騰」的臺大歷史所的研究生。在知道我的名字之後不久，於聖嚴法師所舉辦的一次國際佛學會議的場合上，高先生在報到長桌處看到我胸前掛著「江燦騰」的名牌，並正要簽到時，立刻毫不考慮地拉住我的手，再次確認地問我：「你真的是江燦騰本人？」我笑著回說：「是！」

然後，高先生告訴我，他叫「高本釗」，是新文豐的老闆，正在找我。接著又說，他要送一套聖嚴法師吩咐的《大正藏》給我，看我一共要幾本？我當時回答說：「《大正藏》後半部關於日本佛教的部分，可以不要。」高先生當場建議我，乾脆親自跟他到公司看看究竟；至於當天學術會議，就不要再參加了。我同意了，一路上，兩人就這樣談了起來。

到了公司後，高先生問我有無佛教史研究的存稿可出版？我說：「剛出一本，但還有幾篇。」高先生立刻要我再集成另一新本書，交新文豐出版。我照辦了。於是我的《中國現代佛教思想論集（一）》，就正式出版了。此後，他又邀請我擔任《新文豐佛教文化叢書》的主編，雙方就此投緣和彼此信賴地交往。

之九、一九八八年春，我奉調改任竹北廠服務部專職全面品管訓練員，以提升服務部門的作業員和技術人員的改善能力。獲上級許可，於訓練課程之餘，特許在辦公室內，撰寫我在臺大歷史所的晚明佛教史研究的畢業論文。這對長期苦於生活奔波和研究時間極端緊迫的個人來說，的確是生平一段最大解放和最快樂的寫作時光。於是宛若內在知識的火山爆發噴湧，毫不費力地自然地向各主題揮灑和輕易駕馭。我當時在文中往往充滿著流暢、青春和難以言喻的欣喜之情。

在論文完成後畢業口試答辯之前，即已聽到有口試委員對論文的高度肯定和讚美，彼等並一再表示，拙文給彼等的印象是：學術論文居然也可寫得如此流暢和優美。我當時其實是結合現代品管的邏輯思維，加上好心情，才能撰成此文，所以特別有意義和值得紀念！

其後此論文再以書的形式在新文豐出版公司出版，不但已故的傅偉勳教授讀到後，一再盛讚此書的非凡成就（有一次他甚至有點半開玩笑的建議說：若我願意再去他任教的天普大學攻讀博士學位，他可以考慮讓我取得兩個博士學位），並且在國內外學界的評價也不錯。

例如我把書寄給聖嚴法師之後，有一天清早，在竹北家中，我意外地接到他親自打來的長途電話，告訴我說：「此書是寫到骨子裡了！但，此後可能也找不到可討論的對手了！……」我聽後很受感動，也銘記在心。

聖嚴法師也視我為當代臺灣佛教學者中最瞭解他的思想的學者之一（星雲法師也曾親口對我表示：我是比星雲還瞭解星雲的佛教學者）。所以再考入臺大博士班之後，我便轉移研究視角，對近代兩岸漢傳佛教反傳統的新思想傳播與變革狀況，進行深掘與建構，以作為當代臺灣本土佛教發展的借鏡或導正之用。

之十、東亞佛教現代僧侶的差異性。

一九九六年，我曾參加一場在臺灣高雄光德寺舉行，主要是東亞佛教現代僧侶聚會的國際交流活動，目的原是在探討即將到來的二十一世紀的東亞佛教，究竟要如何發展，各種前瞻性的重要課題。

可是，當我以臺灣佛教史家的身分上臺發言之後，接著就是輪到一位來自韓國的佛教僧侶發言，他語出驚人，並使大議場上全體在座所有非韓國佛教的各國僧侶，都滿臉尷尬，不知如何回應？

這位來自韓國的佛教僧侶上臺後，以控訴和哀怨的奇怪腔調，透過麥克風，語出驚人地道出如下的全部內容：

我們韓國和尚，在亞洲是最可憐了！你看，在座的日本和尚代表們，都可以娶老婆，有可吃肉和喝酒，而我們韓國和尚都不能。還有，來自東南亞的和尚代表，都可以抽菸和吃檳榔，我們韓國和尚也不行。

我最羡慕你們臺灣和尚了，口袋裡有好多鈔票和信用卡，還能使用小型的電子計算機、可以開支票來支付帳款。而我們韓國和尚，卻只能一天到晚互相打架，常常鬧出大新聞，就是因為我們已太貧窮了，所以必須為爭奪寺產和存活下去而打鬥不已。

因此，在座的你們，都要來幫助、幫助，我們這些可憐的韓國和尚呀……

當生命感靜止時

真正面臨死亡，我並不感到害怕，因為我有幾十年之久的心理預備。可是，突然意識到一片靜止的生命感覺，卻又讓我既畏懼又不知如何適應。這種經驗的情境如下。

我在臺大「研究圖書館」的地下室，一排又一排的檢視戰前「臺北帝國大學」時期購入的有小羊皮封面的精裝外文書。突然，我看到一排幾十本，從未有人閱讀的外文《聖經》研究著作，我好像突然進入中世紀的西洋修道院的奇異陌生感，時間好像頓時凝凍了。我從心底萌生一陣生命即將永久靜止的畏懼，就自動止步不前，我沒有翻開其中任何一本，只是一陣相當錯愕與猶疑不決後，轉身離開。

我從此將這些書，只當不存在，毫無意義，匆匆從書架邊走過而已。唯有在附近書架上，看到有一本日譯本的德國哲學家海德格爾的名著《存在與時間》，略為翻看一下，在我之前，只有傅偉勳一人讀過而已。

毫無疑問，人類對於死亡，是害怕、厭惡、又無可奈何。所以，永生與幸福，成了最高的人生期盼，卻又像永遠都在槓龜的大樂透彩捲，人人都想自己能成為那位獨得永生與幸福的大樂透彩券之中獎者。可是，我一點都不想，我接受自然律和生物物種的生命節奏。

我在臺大醫院內的走廊和臺北火車站的門口，常遇到有人舉牌和發傳單，告訴如何經由簡單的相信，就能獲得永生和幸福。這讓我想起費爾巴哈的有名反駁論。他的論述邏輯如下：永生者，即不幸者。因為永生者會面臨無窮的重複性，例如他會戀愛超過一萬次以上，可是不見得每次都理想。當他的親人，一代接一代，已死過一億次，而他還是唯一的存活者時，所有親人，對他已全無意義。

再者，假若他開始苦惱不堪，又貧窮多病，卻找無解決之道時，別人可以選擇自殺來結束這一切，他卻連自殺都無用，因為他不會死，他是永生者。於是，他的悲慘狀況，就會持續下去。結論就是：對於永生和幸福，可以期盼，但最好不要成真，因為他會成為最大的不幸者。

那段在癌症加護病房的日子

回顧二十多年前，我在博士班畢業前正意氣風發，前景看好，有機會在校長期任職，文學院長和所長都鼓勵我快點畢業，我也自豪可以達到當年李敖在校時無法實現的願望，自信將以最優異的學位論述獲得學位，還可帶領校內的新學風。

可是，我的身體因已歷經二十多年的長期過勞，致使我不幸地罹患了可怕的罕見「多發性骨髓癌」，根據當時世界衛生組織的資料顯示，以當年的醫藥水準，人類對於「多發性骨髓癌」的治療極限，就是兩年八個月。臺大醫院的主治醫生一開始治療，就提到這一極限性，要我有心理準備。也就是三年內，我一定從世上消逝得無影無蹤。二十多年已過去了，我不但持續存活迄今，還完全痊癒，並且變成最佳療效的存活樣本。我已證明不用求神拜佛，毋需珍貴偏方，而是學會作現代性病人，理性與自律，是現代醫療倫理的核心，知識和謹慎，更是療效的最大關鍵。

我常看到號稱抗癌英雄的報導和自誇之語，就可以估算他能再活多久。事實上，其中的一大半後來也果真不久就掛了。日子一久，我便深信，臺灣有一流醫療設備和一流專業醫療知識，但只有二、三流病人。我在長庚醫院檢查時，該院權威的主治醫師就對我的質疑如此回應：臺灣癌症患者的死亡，有四分之三其實是冤枉死的。我曾和他對談近兩小時。最後我同意，他是對的。

我現在接著談很特殊的一個人生異樣經驗，一般人完全體會不到。我將我多年治療的詳細歷程，完全省略不提。只是略述其中一段關於我在癌症加護病房進行自體骨髓移植的歷程。

讀者必須知道，凡是在臺大醫院加護病房內等待骨髓移植的人，不論自己的，或他人提供的，都會面臨一段入地獄的無比煎熬。因為體內所有血液，都要使用特強的化學治療藥水全部破壞完畢。所以，體內不斷輸入強力化療藥水，還要每一餐吃進一把各類藥丸，因為體內已無白血球抗菌，任何細菌進入，都能置人於死。

當時其他病患都是靠藥物來維護安全，但味道苦澀至極，人人驚慌焦慮，都沒有任何胃口，只靠輸送管直接將營養輸入體內。每個人都有二十四小時監控，以免隨時死亡。我覺得此法有問題，就想設法改善。我記起年輕時，在臺北市開封街的酸菜牛肉麵，或許可幫助吃下食物，就要妻子去買。可是，買回來時，被醫生發現，禁止食用，因酸菜中可能有細菌。我再想，同樣是酸，就買檸檬汁代替。醫院不便壓汁，改買美國進口瓶裝檸檬原汁，沖溫開水喝。如此，口中苦澀降低，可以吃下飯，能自己消化，就獲得醫生許可，可少吃大量殺菌藥物。

再來是打生長激素，開始移植自體骨髓幹細胞，讓其化為正常血液。這又是另一段地獄之旅。因過程中，全身如萬蟻在體內爬行，又癢又痛。所有患者都打大量止痛劑，來度過這段難熬過程。

我認為這樣不對，新血液開始就受藥物傷害，不是好方法。我問醫生後，弄清楚那種癢痛是正常發生，不是死亡前兆。於是我要求完全不打藥物，憑意志力強忍那種癢痛。醫生說，我會意志力崩潰。我說若我忍受不住時，請給我熱敷袋。最後全程八小時，我只有最後兩小時才用熱敷袋。那結果呢？我是臺大有史以來骨髓移植時間最短的人，不到他人六星期的三分之一時間。

我沒有恢復期，就在第三天直接出院，還馬上到清大恢復講課，一次講四小時。

我認為，絕對的專業信賴與對生死淡然態度，是配合癌症治療的患者非常重要的態度。例如臺大醫院腫瘤及脊椎骨科主任楊榮森教授，曾是我癌症手術時的主治醫師。我切除掉右腿的髖關節大手術，就是由他主刀。之後，他津津樂道，我對手術成敗的淡然與對醫師的絕對信賴態度。

令人意外的是，在我動手術之前，他恰好也替一位曾教過我的錢新祖教授動刀，切除掉一隻患了淋巴癌的手臂。但是過了半年後，錢教授卻不幸死在臺大醫院。導致有些錢教授教過的臺大研究生認為，他是殺人凶手。因此當我在歷經幾個小時的大手術後，被推到恢復區時，有些我的研究所同學一看到楊醫師，就大叫他是殺錢新祖教授的凶手！問題是，我的大手術，楊教授卻大成功啊。

可見手術後的生與死，有時，其實是因人因病況而異的。亂怪罪誰，並不是正確的認知態度。

如上所述，我自曾罹患號稱最難治的「多發性骨髓癌」之後，歷經十四年癌症各種治療才痊癒，目前已是康復的第九年，身體狀況仍一切正常。

我雖可能是臺灣患者中，第一個突破只能存活兩年八個月這一現代醫療極限者。可是，我從來不敢大意，不敢高調，而是嚴格自律，一度還曾被主治醫生肯定說我是模範病人。

但我還是不主張拍攝抗癌鬥士的紀錄片。理由是，此類「鬥士」，勇氣雖有，卻往往知識不足，所以有些抗癌鬥士被拍完之後，往往撐不久就掛了。我早在癌症病房治療期間，看到太多白天是英雄，晚上卻不停哭泣和徬徨無助的病友。更弔詭的是，彼等在治療時，往往自作主張，亂服祕方，影響療效，誤認症狀，卻又不會虛心求證。除了表現誇張的英雄氣概之外，往往迎來的是提早的死亡。雖非全部如此，但大致可說是彼等所為，往往之後成事不足，卻敗事有餘。這是我長年觀察所得之結論。

所以，誰要拍抗癌鬥士的紀錄片，我都沒有意見。我在意的是社會責任，也就是傳達的是真正能幫助人的正確知識，而非只是呈現絕望者的道德宣示和表面的勇氣流露而已！

最後，我再提一下，幾年前一個晴朗的早上，十一時四十分，我在臺大醫院一日手術部門，預備動一個小手術，以便取下身上已裝置在右胸前皮下處長達十九年之久的人工血管接頭。之後，我的親身體驗是，現代的外科手術不論麻醉效果或手術縫合技巧，都是精良無比。整個過程，我毫不覺得有任何疼痛，且神智一直保持清楚。手術完等待恢復的一小時餘，我都是輕鬆地與手術房的護理師相談甚歡。

不過，我還是要再次強調，我在得癌症多年後，竟然還可存活到現在，其實是例外而非常態。例如，不久前，我的糖尿病主治醫生張恬君教授在我三個月一次回診時，看完所有抽血與尿液檢驗報告之後，問我說：「臺大的病人，很少有你這樣鋼鐵意志的。你是如何辦到的？為何能控制得如此之佳？」

我的回答是：「我很能認同要活命就必須嚴格遵守醫療倫理這句話。我沒有其他花招，只是聽醫生的指示，盡一個病人該作的本分之事而已。」

聊聊各種精神療法

我們現代哲學課程，幾乎都是在學院裡學習或教導，讀書討論和論文寫作則在研究所的碩博士班階段持續進行。這是像工廠生產肉類罐頭一樣，一切流程，都是按標準化的作業程序在進行。除此之外，很難有其他更有效的學習方法。

可是，你只要看牛頓、笛卡爾、斯賓諾莎、休謨、康德、黑格爾，乃至吉朋或伏爾泰，他們在寫主要著作時，都不曾和人討論，平時也很少，但都能注意最新的學界動態和固有傳承再檢討問題，每個人都有很強的自信和學術個性，所以能全力投入，百折不撓。

他們重視的，其實是著作出版後的專業書評。暢銷書是意外收穫。我注意到，這些哲學家在長期刻苦自勵的專注寫作中，也同樣需要有精神上的鬆弛之道。舉例來說，康德最大的樂趣就是和朋友吃午餐，隨便打屁談天，嘻嘻哈哈，把一頓飯吃兩三個鐘頭。這時候的康德，非常健談，妙語如珠，很受歡迎。

至於黑格爾本人，平時閉門讀書，專注持續思考，甚至半途停步，如不動雕像，直到腦內思考告一段落為止。可是每隔一星期或兩星期，黑格爾也會走出書房，到外面市民集會的大眾場所，和大家一起打屁開玩笑，絕口不提學問方面的話題。

類似的有趣例子，還可舉很多，但在此處，就此打住為宜。

再者，時下流行的藝術療法、音樂療法、意義療法或精神療癒，已是當代海峽兩岸的學者或研究生，常常在研究論文或著作內容大談特談的術語和相關書寫。

這些來自西方的精神醫學新發展的開創者，都有一段珍貴的個人生命體驗，以及身心狀況有效改善與提升，於是從實際經驗進一步提煉為精神醫學的新理論，並據以在臨床上，或者在門診上，或者在教學上，或者在著作上，繼續推廣和改進。這都值得肯定。

讀這樣的書，接受這樣的理論和相關作法，永遠不能忽略其中必有的專業性，包括認知和行為。因為這都是有針對性的，不是生活上的隨性應用而已。若忽略了這一點，就失去原有的學術意義和缺乏科學性的實證目標與效果了。

另一方面，據我長期對學界論述的閱讀經驗來看，臺灣學者的原創性通常很低，可是在追逐學術新流行時卻很勤快，馬上隨手套在一些現成的舊材料來論述，這就貌似山寨版的學術拿來主義。我並非全然反對這些，因為學習和模仿的過程，還是有新的收穫。可是，不能總是停留在這個層次，應真正消化後，有自己的進一步創新。然而，這是很難期待的進一步發展。因為新的流行潮又出現，而先前的狀況開始上演。所以我們只能一直停留在學術邊陲地帶，當邊緣人的次要角色。

作為補救的應付之道，就是經常開所謂國際學術會議。如此一來，既有學術業績可以呈報，又有經費可以核銷，並能禮尚往來地被邀出國開會。臺灣學者是不會寂寞的，只是晚年回顧，會覺得沒有多少成就感的落寞而已！

第四部

往來竹北之間

客居北投二三事

學校當局決定頒授給我創校幾十年來第一位榮譽教授的證書，我還是很欣慰的；只是我很納悶：為何幾十年來都不曾頒過？於是把上午兩節課上完後，就從北投學園路大成崗的學校後門搭車回中和街住處。我住的地方，是北投中和街與稻香路相接之處，旁有國防管理學院圍牆外大排水溝，靠稻香路頭的向西淺坡上，原先是一片年代久遠的公墓，雜草叢生，墓碑林立。感覺非常荒涼、氣氛恐怖，觸目就生厭惡和不祥念頭，只想匆匆路過，不願再多看一下。不過，自從柯文哲當市長後，沒幾個月就遷走了此一公墓上的一切。現在原處已長滿綠色雜草植被與繁茂灌木叢，顯得一片綠意盎然。這裡是禁建區，不知道以後還會繼續改變否？我從不曾在此地遇到鬼魂，我很想看看真正的鬼，是不是敢出沒在我的目光注視之下？

其他的驚奇遭遇也很多。例如有一天下午四點多，我人仍在北投捷運站，預備搭計程車，回中和街那棟紅色外牆電梯高樓的租屋處。計程車司機過去載過我，幾乎不用交代，就知道開往我的居住所在。可是，令我驚奇的是，他把小平板當小電視來收看，駕駛座上方橫放小平板，並插上一條電源線，於是一路上都在直播電視新聞。我真是服了，居然可以如此使用小平板！

突然被一個陌生的可愛小男孩，親切稱呼我「爺爺」時的複雜心情。那次是在北投捷運站的大廳，我突然被一個陌生的可愛小男孩，親切的稱呼我「爺爺！」，把我嚇一大跳。我這一生，從未覺得自己是祖父級的年紀或心態，我還是維持我七歲時，第一次智慧突然開啟的新鮮感與強烈好奇心。所以從沒有被人叫「爺爺」的心理準備。可是，居然有陌生的可愛男孩這樣叫我，還是坐在被母親推著的娃娃車的小男孩呢。

深秋之夜，進修班的授課結束後，載我的計程車司機莊先生，從大成崗學園路後面山路盤繞而下，車窗外的夜風微微，此時西望遠處淡水出口北岸的淡水區街道燈火光明，依然萬點散布，宛若一片燈海。若將視線從車窗內改成遙望對岸的五股、蘆洲一帶與廣闊關渡平原時，也會看到夜晚黑暗中那一大片萬家燈海，就如長帶狀樣的碎鑽放射出來的美麗晶光，無比動人。

拿來對照上星期六快中午時分，我坐南下高鐵時，如往常一樣，一上車就專注閱讀與沉思。可是此時，自然出現在眼前是流動的車窗外北臺灣的稻田，與沿路上的普通建築景觀，突然讓我想像電影上常出現的，景觀中又出現不同景觀的重疊影像劇情畫面。但等我回過神，弄清楚那是不同攝影機所拍攝出來的電影重疊鏡頭特效所致，我便沿途始終保持沉默。儘管當時高鐵依然一路快速行駛，我則由於沉迷於內在思索與窗外凝視，頓時忘卻身在高鐵南下車廂。一路上就只是這樣地持續著。

老後

從北投回來，途中有件美好的人生邂逅之事，想與所有朋友分享。

我在北投捷運站內搭升降梯時，有一約八十歲左右年紀，個子接近一五八公分的婦人，她穿圓領休閒衫，腳穿淡紅色線條的輕便休閒鞋，持一支輕便鋁拐杖，一頭無染純白的短髮，臉上安詳，幾乎沒有歲月滄桑的憂鬱或明顯皺紋，站在我輪椅的左前方。

我們互相友善地看著對方。我立刻可以解讀她了。我指出她全身與如此裝扮，以及這樣的人生年紀，卻可以有很好看的臉上自然肌肉顏色，並且沒有老婦人明顯的滄桑皺紋，還有那頭如銀絲般的短髮覆蓋。我清楚說出她的心境，她的達觀與安詳。更公開讚美她，若去染金色頭髮的話，就是一位令人驚豔的金髮美婦人。

她立刻善意回答我，說我講得正確。只是她不想打扮，因為打扮太多的話，人就像一棵聖誕樹那樣掛滿了各類裝飾的東西，所以她寧可保持自然簡樸就好。再者，她深知染髮劑的化學作用，會嚴重傷到人類頭皮的健康，所以從不染髮。然後，一路我都聽她講她的故事。

過幾站後，上車的乘客多了，她與妻子一起坐到博愛坐上，我與她談話暫時中斷了。

我因沒在看筆電，閉目養神，不知不覺。臺北總站到了。妻子來推我的輪椅，又大聲提醒，人家在對你微笑打招呼呢，你怎麼都沒有回頭看她？我聽此話後，大吃一驚，回頭望去，她臉上如春花微笑，還不斷對我揮手，表示再見。

不過，我已被推出車外，車門又關上，彼此就各自分別走自己的人生之路。雖然我不知道有關她身分的一切資料，但她卻可以在聽了我的話之後，馬上同意我這個陌生人，是真正瞭解她的人呢。

某一週六下午，我在北上高鐵的臺北站，邂逅了一位高齡、健康、能獨自到處自由行動，已達九十二歲的臺灣本土老婦人。

二十年前，我因病曾動大手術，切除患部所在的右腿髖關節十公分後，沒有再改接人工髖關節，右腿從此無法橫舉，只能上下提高或落地。走路雖仍可飛快，還是要用鋁拐輔助才行。而我為免傷及脊椎坐骨神經，都是走路時，左右手各持鋁拐交錯前進平衡用力。若是長途外出或學校上課或在家寫作時，我就改坐輪椅自由行動。此時，我若採取將腰直挺的坐姿，甚至可以持續五至六小時連續工作或講課，並不疲倦，依然精神旺盛，思慮清晰無比。

我每次搭高鐵，一定將座位調為直立狀態，絕不採取身子後仰的坐姿。這樣在高鐵上的時間，就是最佳的寧靜沉思時間。外面的風光大多是平凡或雜亂醜陋，我毫無欣賞的好奇或驚喜，也很少會與陌生同車旅客作短暫交談。

不過今天例外的是，在臺北的火車站下車之前的三分鐘，我已將輪椅滑走到下車口門後空間，等候車停時，門一開，就頭一位下車。意外的是，有幾位老婦人也等在我的旁邊。其中一位不知哪種話題引起，居然微笑並對我自我介紹，她現年九十二歲，可以到處獨自自由走動，她同伴也至少八十七歲，所以不能摔倒。

我看她個子約一百五十八公分左右，臉上除有那口整齊的假牙之外，沒有多餘的贅肉，膚色健康，笑容可親，她的臺語很流利，人也看來慈藹可親。她還自己拖行李箱，帶把雨傘，背上有小背袋，腳穿無帶子布鞋。身上衣著素雅輕便。她耳聰目明，思慮清晰，步伐移動輕快。因而她整個人給我一種臺灣高齡老婦人依然能自由享受人生的嶄新印象。失智、中風、多病、乖僻等狀況，並不是必然發生在每一位臺灣高齡老婦人身上。

這裡講的使人老，不是指自然的年紀大因此老態龍鍾，而是加速老態的那種。昨天黃昏時，我從北投捷運站搭計程車回家，司機說他知道我住哪一家，以前載過我，這樣雙方就交談起來，他告訴我說，我剛剛看到的幾位排班的計程車司機，滿頭白髮，其實年紀不大，而是這幾年突然變得蒼老起來。

於是，我開始接著回顧十幾年來的所見所聞，並分析主要原因，就是收入減少，生活日益窮困。載我的司機是黑頭髮，雖同意我的分析，可是他認為，司機自己能否想辦法因應也是關鍵。我同意這一分析。

此外，妻子在中午回家途中，突然提到，她今天在學校遇到一位教中文，但英文會話一流、仍在校內兼課的退休女教授，說她老得驚人，簡直認不出來了。載我的莊先生說，她的先生是老外，她自己開車。我於是在腦海中，浮現有關她的一些容貌記憶。她以前很講究打扮。如今呢？我不清楚，總之，她老得太快了。

奈何人生

幾年前的秋天某日早上，我才剛起床，尚未吃早餐，妻子在廚房忙碌，我坐在電腦桌前，正要打開臉書看看，桌角的電話鈴響起，是大溪故鄉的熟識朋友，在電話中告知，她和小學退休的妹妹，開車帶著娘家的老父老母及年幼長孫，已來到竹北市區，正要來我家。

我嚇了一跳，因為我只穿一條內褲而已。急急忙忙地套上外褲和圓領汗衫之後不到三分鐘，訪客車輛就來到門口，妻子急忙出去接待，將來客五人請入客廳。同時也帶進大包小包各類今早才在家鄉新挖出的慈湖夏季名產綠竹筍、大溪黑豆乾、芭樂等，客廳一時之間顯得擁擠而熱鬧，也開始兩個多小時交談與應酬。

我感嘆很深的是來客在故鄉大溪，也是著名的政治家族，但年邁的老夫婦，男的重聽行動困難，女的已失智、身軀過勞、變形且導致行動不便，可是我仍能設法用親切握手和各種交談話題，讓來客無陌生之感。然而，來客除了那位尚在吃奶的長孫正享有人生最初的溫暖親情之外，所有人都是充滿辛勞和精神苦澀的晚年生活經歷，而且仍在折磨中。我的家庭狀況，相對來說，還是幸福而可羨慕的。

女性來客年輕時都是美貌有教養，然而歲月流逝，實際的家庭生活或夫妻的相處狀況或是享有的人生幸福，遠不如各類苦悶及操勞多。然而，這又能如何？這不也是我們社會目前多數人的處境嗎？在來客走後，我沉思久久，不想讀書和開電腦。

如今再次回憶往事，事實上來訪的那對老夫妻，不久就相繼離開人世。那一代的夫妻之情，可以說是傳統漢人男性的優勢宰制下的不對等男女配偶親密關係，是統治形態的為所欲為，因此老夫老妻彼此之間內在的長年積怨與內心苦悶，身為弱勢婦女的一方，至死都是讓人無限感傷的。我雖是男性，可是卻是對此深有理解，因此對方臨死前半年，才會專程來與我這位人間的少數知音，作最後的人生告別之行吧？每一想念及此，我心頭還是為之黯然，無限感慨與深深懷念不已。

二〇一三年十二月十五日，下午四點，電話通知，九十八歲的岳父過世了。上午，妻子回大溪處理。岳父是退休資深警察，精於劍道，又喜愛釣魚。妻子的母親是他的續弦，已早他過世二十一年了。由於岳母過世，包括其前妻所生的長男在內，共五男一女，皆已成年，但未同住。

死前幾年，岳父非常孤獨，常無法自理生活。他多年前曾跌倒，導致腦部重創，瘀血嚴重，雖已送醫院搶救，開腦清除瘀血，仍留下後遺症，除容易情緒失控，就是記憶和辨識力逐漸減弱，死前八年來，常不知探視他的人是誰。可是他仍記得我，和我談話就正常。可見，人的記憶和辨識，是有選擇性的。

了。

岳父住的大溪警察宿舍，在他過世後就被政府收回。所以，妻子的娘家回憶之處，就消逝了。

岳父是我父親的生前好友。可是，際遇大不同。岳父對我談及他年輕時，非常羨慕我父親的俊帥、被富裕的江家收養、穿著時髦、精於劍術和西裝縫製。他也談及我們大溪江家早年的生活奢華狀況。然而，戰後這一切都改變了。岳父當了警察，我父親成為失意的地主、浪蕩子、酒鬼、失敗的伐木工人、裁縫師、丈夫、人父。

這一切，如今俱往矣。

我告訴妻子，生物的自然律，沒有人可例外。岳父能夠活到九十八，已是人類中的少數了，應該坦然接受，而不需過於難過。……

虛假的殯葬禮儀

傅偉勳教授提倡「生死學」。其實是講「死亡哲學」。於是，臺灣大學內有「生死學」通識課程，也有私立大學成立研究所，最後產生一批有考試證照的「禮儀師」怪物。臺灣民眾現在死後是完全沒有生命尊嚴的葬儀社擺布的賺錢道具而已。而死者家屬也跟著配合演出一番。

我最深刻的感觸是，在岳父家祭、公祭或火化的日子那天，我和妻子、兒子和女兒都參加了。見面的親人，都訝異我的健康良好，和我握手時，都驚嘆我的手掌很溫暖，而他們都是冰冷的。之後，大家同意我可以坐輪椅在後排旁觀，不用參加任何祭拜的禮儀。女兒陪我，也免去那一套繁瑣的跪拜禮儀，而且家祭完就可以提前回竹北家。所以，我和女兒一起搭計程車，經五楊高架路，轉中山高，然後順利回到家。

但是，我生平對現代禮儀師的痛恨和鄙視，從沒有像這次我所看到的那樣，幾乎達到讓我憤怒不已的程度。我看到的一對男女誦經師，不倫不類的穿著，出場誦經，還要家屬全體列隊恭迎，然而經文不熟、唱誦訓練基礎太差，居然還讓大家站著空等十五分鐘，簡直莫名其妙。我忍不住問禮儀師，到底怎麼回事，要拖這樣久？他說，是公司規定的。

其次，這次岳父是九十八歲過世，算是難得長壽，所以一切訃聞都印成紅色。可是，也不能因此所有親戚都不分輩分，只在手臂上纏上一條桃紅色毛巾。更令我痛恨的是禮儀師的油腔滑調，他本人好像導演兼最佳男主角，所有家屬都成啞巴和被任意擺布的木偶，沒有人可以讀祭文，沒有人可以和岳父獨自表達哀悼，因為禮儀師有他的白話八股，他替眾人統一發言和瞎掰一番。在孫子輩祭拜時，還替這些孫子輩說，阿公你好帥！我和女兒在後排聽到如此胡言亂語，差點大笑出來。因為我岳父是既嚴肅也不帥的人，沒有人會用這樣的形容詞來讚美他，連他本人也不會。可是，禮儀師還是自得其樂的又讀完他一篇妙文。

這是家祭的猴戲。

語文經驗談

我是戰後第一批國小學注音符號的，那是標準語，不是北京語，北京語有「兒化音」，標準語沒有。並且這是文學國語，是近代書寫的白話文，不是方言。我在國小就讀期間，雖然捲舌音總是發不清楚，但是閱讀和理解一流。所以，我三年級就直接翻字典，勤讀一種五冊版的《三國演義》全書，雖非全都懂得，但文字的理解力大增。當時每天上學，人人要讀的小學課文對我來說，根本不費吹灰之力。這也是我從五年級開始，考試成績在校內的同年級都沒有對手，直到畢業的主因。

我初中只讀一年，痛苦無比，國文課是大陸外省的方言腔，英文老師連基本音標都發不準確，可是同校女同學卻是師大英語系的老師教的。我日後一直學不好英文發音，連帶對英文閱讀也興趣缺缺。不過，我卻大量閱讀中譯的各種西洋著作。我因此發現，我其實是西方文明和西方學術思維的天生愛好者。至於日文的閱讀和日語的學習，則是成年之後。臺大的英紹唐教授對我影響很深，他也對我期待很大。可是，我還是專注相關的日文學術著作的閱讀而已。

至於我可以聽懂很多大陸省分的口音，是因我在公路總局當工友五年之久，各省口音的公務員都有，接觸久了，自然就聽懂了。佛教界的大學問家印順和尚是講很重浙江口音的方言腔，很多人聽不懂，可是我和他之間，不論如何交談，都可溝通無礙。

這就是我的一點個人的語文經驗說明。後來我又進一步理解大陸時期的「國語（標準語）運動」起源與發展過程真相如下：

一九一三年中華民國教育部，為解決傳統漢文舊式反切讀音的不便和歧義，曾召集當時有代表性的四十四名音韻學者組成「讀音統一會」，共同審定出六百五十個字的正確讀音，並通過設定三十九個記音字母，稱其為「注音字母」。但在袁世凱（一八五九至一九一六）稱帝前的大總統時代，並未正式頒布全國實施。直到一九一八年十一月，教育部雖正式頒布，可是，實際上是到一九一九年四月，才以吳稚暉（一八六五至一九五三）提案的版本，正式公諸於世，並於當年九月，發行《國音字典》。

從此一過程來看，其目的只是用新的「注音字母」，來解決傳統漢文讀音的問題，是一種「舊式反切讀音」的代替品而已，並未考慮到是否用於「白話」或「方言」的使用問題。

一九一八年一月，《新青年》改組，由北大教授六人：陳獨秀（一八七九至一九四二）、錢玄同（一八八七至一九三九）、沈尹（一八八三至一九七一）、李大釗（一八八九至一九二七）、劉復（一八九一至一九三四）和剛自美返國在北大任教的胡適（一八九一至一九六二）輪流編輯，並捨棄古文體，改為全部使用「白話」撰文，因而造成極大的論爭。

但同年四月，《新青年》刊出胡適的〈建設的文學革命論〉和〈國語的文學、文學的國語〉，將「白話文」與「國語文」混用起來，並獲北大學生傅斯年（一八九六至一九五〇）、羅家倫（一八九七至一九六九）、汪敬熙（一九八三至一九六八）所創刊的《新潮》雜誌和陳獨秀主編的《每周評論》兩者的大力聲援，於是使「白話文」與「國語文」，成為「新思潮」的方便載體和傳播利器，影響深遠，逐漸普及各省，並廣受知識界和傳播界的高度認同。

於是，教育部在此巨大風潮的衝擊之下，從一九二〇年起，明令初等、中等各級學校正式教導「白話文」課程，因而「白話文」課程，就順理成章地被稱為「國語文」課程。

此後，除了一九三一年時，將「注音字母」改稱「注音符號」以外，並無重大改變。因此，「注音符號」和新「白話文」兩者的結合，成為戰後在臺推行「國語運動」的原型和政策依據。所以這是一種在「注音符號」影響之下的「標準語運動」，而非「北京話」的推廣。

由上所述可知，戰後臺灣教育上學的是「標準語」，而不是「北京語」。「北京話」有特殊的「兒化韻」，「標準語」沒有。它也不是清代的「官話」。這是民國以後，由語言學家共同制訂的新式發音法。之後，形成國語運動。這與國民黨無關，而是國民黨掌權後，撿現成的。我是戰後國小第一屆學這種注音法的。我用了幾十年了，我不會更改或放棄。

至於閩南語，我從小跟父母學會漳州音的閩南話，完全是生活上自然口語應用，靠的是生活情境下的重複性聽聞和應用，而對應文字的配合理解。因此現代看到臺語流行歌詞的文字表達，可以說只能以同音的代用字來理解，否則是完全莫名其妙。有些臺語文字的表達也往往音同意反，相當費解。

我自己青少年時代很少有看新聞的機會。一九六二年春，「胡適」逝世，大溪老家有位地方記者不斷提到「黑色」死了，我非常費解，便請教他，「黑色」有何重要性？他回答：「胡適」是大學者。我不知道他是指「胡適」，仍以為是「黑色」。直到我進公路局當工友，才知道「黑色」就是「胡適」。

我常到新公園附近的文星書局購買書籍來閱讀，靠此奇妙的誤解和不斷接觸，開始瞭解了李敖與文星，中西文化論戰、胡適、梁實秋、徐復觀、殷海光和梁漱溟及熊十力等。

此外，看到當時有人將「生蚵子」，當成「青蚵子」，也覺得莫名其妙。至於近年來將騙人的「唬讕」，一直是想成同音的「虎卵」（老虎睪丸），也是我始終想不清楚，為何有此奇怪的一種用法。直到不久前看到日本著名禪學家的批判論文，才真正弄清楚：「唬讕」也是不通的中文用法，它其實是源自「五胡亂華」的「胡亂」。因為逃避「胡亂」，成為不能盡責和躲避承諾的最佳藉口，於是「胡亂」就是意指帶有欺騙性的藉口。當代大陸的現代中文大辭典，也是如此解釋。所以，中古禪宗語錄中的「胡亂」，就是胡亂說的意思。如今，「唬讕」一詞，應改為「胡亂」一詞才對。

從服裝美學觀察社會

——看鞋記

當代臺灣民眾服裝美學的問題，再度浮上我的腦際。我的問題出發點是，我在北捷臺北站所見到的穿短牛仔褲而露出大腿與小腿的女性，除了流行潮影響，散熱容易之外，並非每人的腿型都具有視覺上的一定美感。穿的人難道沒有「服裝美學」觀念？

鐵一般的事實就在眼前，清楚無比地讓我看到，只是自由地任意混搭或我行我素的大眾流穿著方式，因此我可以斷言，這已是一個絕對規範解放，或大崩潰的大眾穿著時代。由此讓我深刻地從記憶中逐漸清楚回想到，其實早在一九八七年正式宣布政治解嚴之前，戰後臺灣地區存在已久的制服式穿著，早已逐漸式微了。可是，在很多官方機構、公司行號、各級學校等，仍有一定程度的維持。

可是，突破的速度，或非制服化的速度，已躍居主流趨勢。所以當代臺灣大眾日常生活的服飾，目前已形成一個大解放的渾沌狀態。

我近十年來，不論是在淡水家樂福的大賣場內，或是搭高鐵在新竹站月臺上候車時，都密切注視著每位乘客或每位購物婦女的身上穿著。但我完全看不出章法，無法分類，也無法定位，這一切，正如失序的社會制度，或已被徹底精神解構後，所自然形成的虛無化存在狀態與無限度任性式的行為自由，可以說，一切都在反轉、顛覆和任意性的重組之中。

我原先不知如何理解，也不知如何解釋像這樣的渾沌現象？包括二〇〇五年出版的第一本《臺灣服裝史》在內，我都找不到任何答案。

可是，我這幾天突然瞭解了。一是我星期六上午，多年來首次搭自強號時，看到車上查票員的標準制服穿著，誠懇和嚴謹的服務態度，和其他車上乘客的各類自由搭配式穿著，頓然形成非常強烈的鮮明對比。而我屬於這一世代，所以有深刻的瞭解。二是現在臺灣民眾已可以任意地在公共場所，向一位現任的國家元首丟鞋子，卻不會被逮捕或被罰款。所以，臺灣服飾大解放的時代，其實就是當代進行式。

類似的狀況，也可從有關五花八門與形形色色的臺灣民眾女鞋風尚的聯想談起。因為除了民眾服裝之外，我對當代臺灣民眾生活現象的一個有趣觀察，就是有關臺灣女性們所穿的，各種形形色色的鞋子問題。

新竹科學園區的科技新貴或新貧族，在竹北市購屋或租房居住的人很多，消費能力驚人，外食族都是這些下了班不開伙的竹科人，使得夜晚的市內各條美食街或美食區，家家幾乎客滿，遇有假日或節日，更是一位難求，非預約，幾乎很難等到有空位的時候。同時，景氣好的時候，這些竹科人，薪水多，也就喜歡購買新潮生活用品，並隨意丟棄使用不久、還完整良好的退流行生活用品。

近幾年，臺灣長期處於悶經濟的狀況，竹科人收入大不如前，除外食族的大量消費依舊之外，已不像過去景氣時那樣，大量隨意丟棄使用不久、還完整良好的退流行生活用品。所以，妻子每月定期一次到竹北市的某一資源回收站，和一些熟識的慈濟婦女志工，一起作資源回收的時間，就逐漸從全盛時期的一個上午，慢慢減為一個多小時就結束了。我每次都不喜歡妻子從資源回收站，以低價購回一些不鏽鋼杯或其他用品。因為我並不需要，但，我也不便多說，以免爭吵，隨她高興就罷了。

可是有一樣東西，我是絕不讓步。我可以不介意死者生前用過的東西，但我穿的鞋子一定是我自己挑選商購，並且一穿多年，都不更換。我不追逐新潮，老鞋耐穿舒適，宛如老友一路相陪。我喜歡老鞋居然成為一種標準，舊的標準，因為慈濟回收站的志工從未丟出比我現在每天在穿的鞋字更舊款或使用更久的男鞋。我的老鞋仍是舊款鞋的最資深現役者。

至於臺灣現代女鞋的款式多樣化，可能很少人比我看得更多、更清楚。我不是在鞋店看、不是在網路購物廣告上看，而是在女鞋已被各色各樣老少女性穿在腳上，或站或走的時候看。我現在外出，無法走太久，通常是坐簡便輪椅來行動。可是，我出門又像帶著圖書館移動，有電腦、電子書閱讀器、大量隨身碟等，加上手持兩支鋁拐杖，因此我喜歡穿得非常簡樸、戴著帽子出門。而我一出門就沉默，從不與人交談或招呼。這是因我正在精心觀察當代臺灣的某些社會現象：女鞋與流行度。我的視線從不停在女性的臉或胸、乃至腿。縱使站在我輪椅旁邊的美女或一般女性上班族，我也不會太注意。這導致每次外出回到家，妻子問我，車上的辣妹，看了如何？我都坦白沒注意她的長相如何。我當時是聚精會神的注意，從我視線投射所及的每雙腳上女鞋，有無重複的流行款式？是否會有廣告的群聚效應？沒有！沒有！簡直不敢置信，我居然從未發現有兩雙一樣的。

我的天啊，臺灣現代女鞋的各樣款式之多，令我驚嘆！我真是跟不上時代了。可是沒有幾位的女鞋和她的女主人之腳，在搭配走路時，會讓我動心的，迄今沒有，只有在電影上才有。

藝術家的座右銘

多年來，在朋友間，我被當作一個研究佛教史的學者，但是我對藝術品的鑑賞析探，始終懷有高度的興趣。另一方面，我自己也從研究藝術的經驗中，察覺到創作衝動的達成，是緊密地伴隨著身心的專注而來。假如創作者對創作的衝動，不具有高度的持續貫徹力，則不但身心的協調性容易渙散，所創作的藝術品也容易出現瑕疵。原因就在於創作者無法駕馭已趨渙散的身心，只得屈服於困難的精緻維持之前。作品中的所謂瑕疵便跟著出現。

俄國著名的芭蕾舞家巴里西尼柯夫，有一次對一群想在芭蕾舞這一領域求發展的青年舞蹈家，提出他的忠告：「在年輕舞蹈家的成長過程程中，他必須深刻地自覺：一旦置身舞臺上，他就必須把內心的某些事物，自然且集中地帶到那裡。此外，為了達到這樣的演出效果，必須先充實自己，以便屆時能夠在舞臺上充分發揮出來。」他接著又語帶惋惜地批評說：「有許多演員，就體格的訓練和演出的技巧而言，都堪稱上駟之才。但實際上，在尚未達到最精純的舞臺演出之前，他們的身心已經渙散了。……」

我對巴里西尼柯夫的話，深表同感。試著設身處地思考一下：假如自己把舞臺的表演事業，當作一生追求的理想目標，卻在舞臺上出現因自己身心渙散，以致未能達到預期的完美效果時，實在是相當難堪的場面。

此種情況也不一定在舞臺上表演的芭蕾舞家才會有。大凡和人類藝術創作行為有關的，都會有身心凝鍊的嚴格要求。技巧熟練的要求當然需要，因為那是起碼的表演條件。但是精神上的高度集中，以及創作力的豐沛湧現，其實才是更重要的。因為藝術表演的極致，可以使深藏在內的創造衝動，突破軀殼外表的形式拘束，而如噴泉般地洋溢出生命力最感人的一面。所以藝術的表演，如果能達到上乘的境界，不論對演出者和觀賞者來說，都宛若重複一次生命再生的經驗，令人難以忘懷！

我知道若不加解釋，即將藝術表演的效用，指為使演出者和觀賞者有生命再生的經驗，會被認為是誇大其辭。可是，我得指出一個事實，即藝術家的演出是否成功，其實是以觀賞者的心靈作為試金石。觀賞者未必皆有舞臺演出的經驗，但他們內心卻是一具神祕的共鳴器，宛若被珍藏在深處的七弦琴，平時不易被觸動。

然而，一有高明的琴師撥動它，它立刻就響起韻天妙樂，令人陶醉了。換句話說，藝術家的表演效果，是和觀賞者的心靈共鳴同時存在：這個世界上，並沒有單靠個人表演就可以達成效果的「藝術」。因而藝術家究竟如何表演才能撥動人類的那具神祕的共鳴器「心靈」，就決定了那個藝術家的創作前途。

問題是，既然演出者的演出效果，有賴於觀賞者的熱烈反應才能達成，那麼，我們是否可以假定兩者的溝通一定融和無間呢？假若不能，則溝通的障礙又是出在哪一邊？這個問題不搞清楚，則以上所談就沒有太大意義了。因為這涉及觀賞者的鑑賞力問題，例如一個不懂歌劇或交響曲的人，是否就能以他的當下心靈感受，來衡量一個演出者的成功與否呢？這是不能沒有疑問的。

我們前面所說的，所謂演出者和觀賞者具有演出效果的「一體性」，是純就效果達成的相依性來說的，是屬於基本的結構層次。但是，在結構性的相依之外，藝術的創作或表演，按其內涵與形式的不同，實際上也存在著雙方（演出者和觀賞者）如何充分溝通的技巧問題。只不過，這樣的「溝通技巧」，對優秀的表演者來說，應該主動設法去克服，並且是考驗他是否能成為一名成功藝術家的關鍵。

從實際的演出經驗來觀察，演出者不外面臨以下兩種狀況：一是演出時，能成功地操縱觀眾的情緒，不但順利地完成表演，還贏得他們的熱烈喝采和掌聲。另一種是，觀眾沒興趣，場面很冷清，不但演出尷尬或困惑，連觀眾本身可能也是一頭霧水，搞不清演出者為何作如此無趣或費解的演出？於是好好的一齣戲，可能就這樣砸了。

就我個人的主張來說，演出者儘管可能出現演出效果不佳的狀況，但不能因此而在演出時患得患失，或一味只顧尋求如何順應觀眾的情緒。因為太遷就的表演，必然使藝術的品質受損，就像臺灣地區的電視連續劇，常因收視率的高低，而增戲演出，或刪減集數，匆匆下檔。

凡此，都是太基於商業上的考慮，才會如此隨意變動。在正常的演出情況下，是不容許這樣的！

雖然藝術家的演出，不能缺乏欣賞者，但觀眾的水準，相當參差不齊。一般來說，除非藝術的形式太新，或有語言上的障礙，否則觀眾是可以被演出者誘導而進入演出者的藝術境界裡，和演出者形成一種互動的共鳴關係。換言之，參差不齊的觀眾水準，其實可以在成功的演出裡被拉近距離。所以藝術的發源地，往往同時存在著一批內行的鑑賞者，原因就是長期被薰陶的結果。當然鑑賞力就提高了，而藝術家的水準如何，也因此很容易被區別出來。

假如藝術家要想開拓新領域，他就得擔負起誘導觀眾觀賞，並藉此教育他們或培養他們鑑賞能力的責任。因為觀眾內在的那具神祕共鳴器，到底會不會奏出韻天妙樂，就全靠藝衛家靈妙手腕的調撥了。

但一個理想的創作者或表演者，他的身心狀態又是如何？前面我們曾提到所謂「身心渙散」的不佳演出；反過來說，當然要集中。可是究竟要如何集中呢？要達到演出時的最佳精神狀態，當然有賴於勤練演出技巧，以及充分吸取前輩或同行的演出經驗，這是最起碼的。但我們所謂的「集中」，卻非僅是如此水平；僅是如此，充其量可以成為一個稱職的演出者，卻不能成為出類拔萃的頂尖藝術家。

因為藝術家的可貴，在於他能維持高度的良好身心狀態，並盡致淋漓地將內在的表達力充分發揮出來；同時也巧妙地維持和其他角色間的功能平衡。著名的美國女演員梅莉史翠普的精純表演之所以讓人讚嘆，就在於能稱職演出，又兼顧了整體的演出風格。而她的預備工作之徹底投入，使她能演什麼像什麼，說明了她的成功沒有僥倖。她可以說是藝術家身心「集中」的最佳典範。

梅莉史翠普的例子使我們瞭解到：藝術家一旦進入創作的階段，即應全神貫注、渾然忘我，把自己完全融入白熱化的表演狀態。藝術家在創作時，就宛若是造物主一樣，使自我意識處於完全自由解放的狀態，應和著藝術的節拍要求，流暢地表演了渾然天成的藝術節奏。

在那種情境中，神智仍然是無比清醒；意志卻已因歡快而狂熱起來。生命力既然被解放了，創作者與創作物便渾然為一，再無任何隔閡。感覺上有如行雲流水，沒有半絲勉強。也由於這樣，一個優秀藝術家的稱職演出，就等於一切人類生命情感的再現。在墜入演出的過程中，我們不只看到美與醜，也體會到深刻的愛與憎，或歡樂與憂愁，有時也聽到內心深處的吶喊，甚至感受到那難以抑止的慾望在呼號。

對創作者和鑑賞者來說，經由這樣的藝術洗禮，彷彿體驗到一種生命力的飛躍，或在心靈上洋溢著對自由和解放的謳歌，使自己進人了夢幻與新奇熱情天地裡。在這一刻，不但宛若進入了永恆，也彷彿成了塑造萬物的神祇。

另一方面，藝術家也有其孤寂的地方。當一個藝術家的創作才華極傑出，其作品的表現新奇多變化，相對也就不容易被掌握。有很多時候，被這種藝術品強烈感動的人，也許根本是一種誤解。所以，一個人在創作的過程中，雖力求健翼高飛，鵬程萬里。相對的，跟平庸的欣賞者也就隔得更遠。因而在面對被誤解與渴求被瞭解，這樣雙重的心靈衝擊時，強烈的孤獨感便油然湧現，正如一座被群眾仰慕的偉人雕像，當群眾齊聲讚美之時，有誰能清楚他本人活著時的感受？也許是心滿意足？也許是寂寞和憂傷？也可能是無奈和苦笑？總之，其中存有別人難以探測的黑暗深淵。

古往今來，許多執著於藝術理想的人，有不少是屬於這一類型的悲劇性人物，他們總是無法和常人一樣，自滿於庸庸碌碌的日常生活；他們總是被自己性格中的內在生命力所驅使，去追尋那常人罕至的境界。這些人，是人類文化向上昇華的原動力，但在實際生活中卻往往是失敗者。除了少數的例外，因幸運的成就，為他帶來及身能見的榮耀和喝采，而得以稍慰平生的波折。大多數的人都生活在悲慘的狀況中，被嘲笑、誤解、迫害和驅逐。最後，屈鬱難一伸，抱長恨以終！

羅曼羅蘭說：「人類由於受苦而成為偉大。」於是他寫了托爾斯泰、貝多芬和米開朗基羅三大英雄的傳記，認為他們一生的藝術生涯，就是為這句話作見證。這三位大藝術家在有生之年，其社會聲望已達登峰造極，故他們受的苦，其實只是內在的自我掙扎，是因藝術的創作境界要突破和再生所引起的陣痛，與那些滿身創痕、空有理想、卻無法被認同的無名英雄，在性質上有霄壤之別。

真正的藝術家都有一個共同的特徵：不論境況如何惡劣、悲慘，他們仍不顧一切地與之淬礪和磨練，於是藝術的才華變得更富創造性、智慧的花朵也因此開得更燦爛。他們雖因而在困頓中受苦，也不會改變初衷。他們知道：大自然的生命之源，與他們多麼接近。他們雖一時被誤解，終有被接受的一天，當歷史回顧時，人類是會紀念他們的，因此必須把理想撐下去。這大概就是「薪火相傳」和「歷史正義」的認知，在支撐著他們吧？

我想，真正的藝術家，也必然要以這樣的認知和使命感，作為自己一生的「座右銘」吧！

臺灣自由主義思想

二〇一八年三月，李敖掛了。

我與陳正茂教授隨即在《自由時報》論壇上，發表如下評論：李敖死了。究竟是什麼樣的理念，使他寧願坐牢，也不接受官方關愛的眼神？

究竟在他人格養成過程中，哪些事件使李敖一路走來始終如一？答案是：胡適絕對是李敖思想的啟蒙者。

李敖在臺大讀書期間，認識了民國以來最偉大的思想家胡適，兩者如伯樂與千里馬般，馬上激盪出激烈的火花，兩代知識分子的薪火相傳，讓自由主義的棒子代代相承。

李敖曾說：「四十年來，能夠『一以貫之』的相信他所相信的，宣傳他所相信的，而在四十年間，沒有迷茫、沒有轉變、沒有『最後見解』的人，除了胡適以外，簡直找不到第二個。在這一點上，我們不能不肯定他的穩健與睿智，和他對中國現代民主思想的貢獻。我們不得不說，這隻好唱『反調』的烏鴉，確實具有遠見。而這種遠見，就百年大計的建國事業來說，顯然是必需的」。

胡適影響李敖，成為理性的愛國主義和自由主義者，所以直到二〇〇五年，他親訪北大，獨捐巨資，要樹立胡適銅像於北大校園時，即知胡適在李敖心目中，其巨人形象又是如何的大。

對於同志，李敖也曾責備殷海光本人和其他門人弟子，不能散布並延續其自由主義的精神。確實如此。在殷海光眾多弟子中，的確是李敖比他人更努力地或更全心全意地，做著他追求自由民主的艱苦工作。所以，李敖的知己孟絕子曾說：殷海光的學生很多，可貴的不少，但最能代表殷海光全部精神的，就是李敖。此語連殷海光聽了，也點頭同意。而李敖本人更曾經不客氣地對殷海光說：「殷先生，你在臺大辛辛苦苦培養出來的幾個自由主義者，一受軍訓，全都變成國民黨了。據我所知，他們有幾個還是自動的。憑這一點，你應該佩服我。」對於此語，殷海光本人也只能承認這是事實。

李敖在努力維護自由主義的過程中，確實付出很大的代價。只不過，現在已是自由主義在臺「落日照大旗」的時候了。因自由主義思潮，在當代臺灣已趨沒落之際，即使勇者如李敖，縱然有心想要挽狂瀾於既倒，也只能慨嘆時局，已是「夕陽無限好，只是近黃昏」的落幕之時了。

另外，我在個人的臉書上，則有以下評論：時過境遷，感動不再！

李敖早年的成名作《傳統下的獨白》，讀後令我極感震撼，且深受其影響。甚至日後驅使我去臺大歷史所讀博士。可是，現在再看，已無特別感觸。因為臺灣戰後的外省知識貴族，很大的一部分，是背後有黨政軍或文教權力圈與相關資源支配，才得以形成的。

臺灣與印尼布袋戲

在臺灣長大的孩童，大概很少沒有看過布袋戲的。當然三十歲以下的，看的是電視上演的金光布袋戲。像我這樣七十出頭的人，則喜歡看在廟口搭棚演的傳統布袋戲。在從前娛樂不多的時代，我寧願半夜經過墳場的路徑，走到幾公里外的地方去看一場布袋戲。以現在的青年看來，有些不可思議吧？

不過我也沒想到，幾十年後，有一個住在地球另一邊的西歐荷蘭人，會在臺灣和我大談起布袋戲的種種。

我在臺大歷史研究所專攻中國近世的宗教思想史，非研究布袋戲的專家，幸好找我的荷蘭人也不是要我專談布袋戲的技巧問題，毋寧是透過臺灣布袋戲的木偶，來瞭解背後的民俗思想和象徵意義。在這一點，我勉強還可以勝任。不過，這篇文章裡我要談的，是一個西歐的荷蘭人為什麼喜歡布袋戲？以及他蒐集亞洲各國的布袋戲木偶，然後逐漸由業餘變成一個專家，準備寫書出版的過程。

我認為這是西歐文明影響下的個人，顯現在知識追求方面的優良傳統。換句話說，我除了談有關布袋戲的問題外，也打算以這個荷蘭人的民俗收藏為借鏡，看看我們能否從其中學到一些什麼？使我們也能在自己的傳統中，重新發現一些值得我們珍惜的民俗遺產，並深刻地理解它們，使之成為我們生活的伴侶。

「溫啟德」是到臺灣才取的中國名字。原籍荷蘭的 W. Kuiten，是一位出生在荷蘭和德國交界的機械工程師，在飛利浦公司服務。由內政部職訓局和荷蘭飛利浦公司簽約，請其擔任設在臺中工業區職訓中心的顧問；期滿後，透過朋友的介紹才認識我，希望就布袋戲的問題給他一些幫忙。

我曾介紹他到臺北拜訪「西園社布袋戲文化基金會」，希望他認識真正中國布袋戲的精華。他興沖沖的去了，自願繳雙倍的會費成為會員。但他除了照一些相片外，並沒有太大的收穫，於是又回頭找我替他解答。

據溫先生說，他在一九七五年於新加坡任職才開始對亞洲的布袋戲發生興趣。這種古老的民俗藝術有一種他無法說出的親切感，於是前後三年半，每逢假日即旅行東南亞各國，踏遍各鄉村和城市，飢渴似的尋找和觀看布袋戲的演出，不久也開始收購各種木偶。

由於荷蘭戰前曾長期統治印尼，在荷蘭的博物館收藏有甚多的印尼布袋戲木偶，他朋友又是這方面的專家，因此他的收藏品中有不少精品，連荷蘭博物館也相形遜色。在他收藏的全部七百多尊中，有四百多尊是印尼的，也許是印尼最盛行這種民俗藝術的演出吧，居第二位的是臺灣的，他是民國七十二年來臺才開始蒐集，共有三百多尊，但精品不多，因老劇團仍惜售的緣故。此外包括馬來西亞、泰國、尼泊爾等國在內，雖數量不多，但造型皆奇麗精美，令人激賞不已！收藏品中，並非單純的木偶，還包括傀儡戲、皮影戲的木偶及雕刻品。臺中的一個布袋戲班，連戲棚子全套都賣給他，可以說相當齊全。

他說印尼的 Wayang kulit 相當於臺灣的布袋戲；Wayang Golek 相當於傀儡戲；Wayang Topeng 則類似皮影戲。在印尼的發展是：皮影戲→傀儡戲→布袋戲。在臺灣則幾乎三種都同時存在。這是演變過程差異之處。

由於數量龐大，為了保管方便，他已打包裝箱，準備運回荷蘭。許多人想參觀，他一概謝絕。我可能是唯一的例外，但也看到部分而已。幸運的是，他為了研究方便起見，已把家中的木偶，每尊都攝影編號，分類歸檔。另外也蒐集了相當多的相關書籍，因此可以瞭解收藏品的內容，以及研究方法上的特色。此外，又讓我實際操作印尼和尼泊爾的一些木偶，使我有了具體的印象。然後，他才向我提出研究上的問題點，要我試著分析解釋。這絕非業餘的欣賞，根本就是專業的研究嘛！不過，也因而才使我對印尼的布袋戲有一些概念。

從民俗的觀點來看，布袋戲是社會大眾的文化表現之一，切近於民眾的生活，並反應出傳統的習俗和趣味。但是從整個亞洲的文明發展史來看，支配東南亞各民族文化內涵者，以中南半島為界，東邊是中國文化圈的影響為主，西邊則以印度文化圈為主。

雖然自西元十五世紀地理大發現以來，西洋勢力東漸，憑藉船堅砲利，占領南洋群島，剝削土著，長期控制此一溝通太平洋和印度洋的重要航線。但是，早期自中國和印度傳入的文化，不但啟蒙了當地的文明，也構成了各民族文化的主要內涵，無法在精神上加以抹滅。

此即泰國、緬甸今天依然信仰上座部的小乘佛教。越南則信仰中國系統的大乘佛教。而印尼的布袋戲演出，也仍舊是印度古代兩大史詩「摩訶波羅多」和「羅摩耶那」的故事。布袋戲木偶，就是詩中故事的英雄、美人和怪獸等，反映出一個民族深遠的文化傳統和精神內涵。

比較臺灣風格和印尼風格的布袋戲木偶的造型，可以看出在造型和結構上的明顯差異。臺灣的木偶造型上比較自由和細緻，充滿了人物的個性，在服裝上也精美得多。我比對臺灣布袋戲和平劇的臉譜，發現平劇的臉譜意義明確，容易歸類和理解。但臺灣布袋戲的臉譜，表面上看來受平劇影響，其實自成系統。感覺上雜亂無章，不易歸類。這可能是平劇已高度發展的緣故。

當然，像關公這樣的紅臉、鳳眼、長眉、垂鬚等特徵，已成各劇團共同的造型；但這是民間年畫長久影響下的結果。一般而言，在臺灣按演出者各人的傳承和喜好，可以自由發揮想像力，創造各種造型，不受限制。這也是溫啟德先生喜歡收藏臺灣布袋戲木偶的重要因素。

印尼則不然。印尼的布袋戲造型深受印度文化的影響，是由哲理、數學和藝術三者綜合而成。我的這種見解，可能從印尼來臺的華僑不一定同意。但這是比較文化的研究下歸納出來的結果。如非熟悉印度哲學和宗教的思想史，大概也難以瞭解這一文化背景。我這一詮釋是根據木偶的造型歸納出來的，並非憑空想像。從溫啟德提供的資料中可以看到：印尼的木偶頭部以上，不論臉型、頭飾和表情，都是有嚴格的規範，按各種組合，精細地塑造出五百多種臉譜和不同的表情。

這五百種造型，大概可以窮盡人類七情六慾的形態，實在是由深邃的哲理、精確的數學和奇特的藝術技巧，才能創造出來。就雕刻技術本身而言，水準不很高。但它的好處不在這裡，而是在背後那個令人驚嘆的偉大文明體系及其內湧。在印尼，雕刻師和演出者雖嚴格的遵守傳統，不能變更，他們本身可能也只是演出印度的古代史詩故事，以取樂一般愛看的民眾；但也因此而忠實地保存了古印度文明的精華迄今。在展看溫啟德先生的各種照片資料時，我感覺到歷史彷彿凝凍住了；人類的表情居然也可以用數學的結構，配合哲學和藝術無窮盡地表達出來。但是在透視這種偉大思想體系和非凡的藝術創造力之後，我禁不住又遺憾其過於完美，以致扼殺了藝術家的自由創造力，徒留一具龐大的文化遺骸，讓人為之悵然和惋惜……

另外在結構上，印尼的布袋戲也和臺灣的大不相同。這是我初看圖片無法理解，自己親自操作後，才恍然大悟的。此外只有臺灣的才有布袋式的身體，可以讓手掌伸入，以便演出。印尼的木偶是實心鑽孔。鑽孔的目的是為了轉動頭部和伸縮頸部。原雕刻時，頭和頸由整塊木頭刻出來，頸部和身體連接處，有鑽孔的部位，自頸部貫穿一條圓木棒到底下，以便轉動。胸部在雕刻時，是按實際男女的特徵雕刻，儘管演出時，或酥胸半露，或遮上衣服，不論哪一種都很有真實感。腰部通常是繫衣服用的。它的衣服也較生活化，沒有錦繡亮片。手依關節，分臂、肘、腕三部分，以細線連接起來，要表現手部的動作時，用兩支細木棒插在左右兩掌中，從下牽動，則動作如真人。它比較合乎人體工學，接近現代機器人的設計。也看得出一些傀儡戲的殘存成分。但我在操作時，擺動手部和上下伸縮頸部，那種活生生的樣子，令我都嚇一跳！可見其設計，融入了實際的生活經驗，方能如此逼真。

印尼的布袋戲演出不像臺灣有雕梁畫棟、金碧輝煌的棚子，而是用兩根香蕉幹即橫擺而成，既當舞臺，也可插木偶以便休息和換演角色。善良的放一邊，邪惡放一邊。演完一個，再換一個。演出時也是敲鑼打鼓。

不過，印尼的演出者是露半身，臺灣則罕有露身，即有也是例外。演的是《摩訶波羅多》或《羅摩耶那》，都是配合著固定的木偶演出，角色不能替換。因此，熟悉劇情的人同時也可以預料出場的木偶順序和造型。的確是不同於臺灣的自由和多變化。

溫啟德先生在新加坡時，娶了一個馬來西亞籍的中國太太，會講客家話和一點國語。不過夫婦交談是用英語。是他第二任太太，元配過世再娶的。我問他兩人如何認識？他說是人家介紹的。我問是否和收藏布袋戲木偶有關，或受其影響？他說全然兩回事。他太太親口告訴我，她對印尼的布袋戲感到害怕和厭惡，完全不想接觸和瞭解。對臺灣的亦然。的確，每當我和溫啟德先生操作木偶時，她就宛如受到驚嚇一般，離得遠遠的，或躲入房間。但是溫啟德先生小心翼翼地避免打擾太太，同時也輕手輕腳地仔細收拾他的布袋戲木偶。兩人和平共處，恩愛情深。

從言談裡，可以瞭解兩人的教育水準相差甚遠，可是溫啟德先生絕無大男人主義的現象。他是我生平看過的外國人中，最令人感到歐洲文明良好教養下的紳仕典型，卻又具有藝術家的浪漫氣質和學者的認真求知精神。所以他能透過不斷的蒐集、分析和鑑賞，而透視異國情調下的文物背景和象徵的意義。

這種兼有知性和美感的心理滿足，驅使他孜孜不倦地經過了八年中之久的摸索過程，從一個完全陌生的業餘愛好者出發，到如今有深刻瞭解，並準備著書發表，成為專家，的確是值得學習的榜樣。

回憶現代舞精靈羅曼菲

我是把羅曼菲（一九五五—二〇〇六）的事蹟，直接寫入大學教科書的第一位學者。這裡就是我的全部觀點。

二〇〇〇年文化界最高榮譽的國家文化藝術獎，頒獎給文學類的楊牧、美術類的夏陽、音樂類的朱宗慶、戲劇類的王海玲及舞蹈類的羅曼菲，表彰這五人在文化藝術上的卓越成就。肯定渠等在各自專業領域的傑出表現，樹立了典範，同時也豐富了國人的精神生活和文化資產。

其中對羅曼菲的評價是：認為其長期致力於舞蹈環境的提升及視野的開拓，並致力於舞蹈教育、推廣及國際交流，對於舞蹈生態的演進有深遠的影響。以上評價放在羅曼菲身上，確實是持平中肯且實至名歸。

一九五五年出生於宜蘭的羅曼菲，父親羅叔良出身軍旅，來臺後服務中興紙廠，具文人書生溫文內斂性格。母親姚蘇茜思想開明，酷愛戲劇舞蹈，對羅曼菲一生影響很大。故在保守的六十年代，其母就將活潑號動年僅五歲的羅曼菲送進舞蹈社學舞，這在臺灣當時環境，尤其是宜蘭鄉下，是非常少見。

為羅曼菲打開舞蹈之門的是陳玉菁老師，陳玉菁係臺灣第一代舞蹈教育推手李淑芬老師的學生，留學韓國，在蘭陽地區開設舞蹈教室，受教學生甚多，頗有名氣。陳玉菁教學嚴謹專注，為羅曼菲奠定了扎實的舞蹈基礎。初高中時已展露編舞的天分，在學校社團鋒頭甚健。大學上臺大外文系，課餘之暇加入愛樂社團，談音樂話舞蹈說藝術，大學生活好不充實。因為愛樂社的關係，她結識了「民歌之父」的校園歌手楊弦，熱愛舞蹈的臺大藝研所研究生黃瀚荻，更引領她進入藝術殿堂。

在愛舞同學的鼓勵下，羅曼菲又重拾對舞蹈的狂熱，她被引介到劉鳳學的新古典舞團舞蹈教室去，「舞蹈」再度成為羅曼菲生活的重心。

早年臺灣的舞蹈社，幾乎都是以教授民族舞蹈和芭蕾舞為主，新古典舞團的舞蹈教室，為羅曼菲開啟接觸現代舞的門扉。七十年代初，劉鳳學和林懷民等人剛開始在國內推動現代舞。一般人對這項現代藝術認識有限，而彼時新古典舞團的舞蹈教室，已陸續吸收不少優秀的愛舞青年，如齊鈺梅、李小華、趙麗雲、陳斐慈、王淑珠、陳勝美、許碧薰等，他們都把年輕歲月奉獻給了現代舞。

在劉鳳學的嚴格教導與看好其潛質，而刻意拔擢下，羅曼菲已能獨挑大梁擔綱演出，一九七四年陸續表演了〈秋江〉、〈洛神〉等舞作，已展現其舞蹈天分的架勢。

加入新古典舞團，羅曼菲首度在臺北中山堂演出劉鳳學編創的舞蹈〈小小天問〉，初試啼聲口碑不惡，曾引起媒體關注和報導。舞蹈、藝術、表演，伴隨著羅曼菲四年多采多姿的大學生活。

一九七五年是羅曼菲舞蹈生命的關鍵年，先是，在張曉風為基督教團契編劇的〈嚴子與妻〉中，擔任編舞，其後，在詩人教授楊牧的推薦下，將她介紹給林懷民的雲門舞集，楊牧惜才愛才的熱忱，意外地開啟了羅曼菲與雲門之間牽繫二十餘年的緣分。

一九七八年羅曼菲自美返國，難忘對舞蹈的熱愛，於一九七九年正式加入雲門。一九八一年她擔綱演出林懷民舞作〈白蛇傳〉中「白蛇」一角，是其在雲門得到的第一個重要角色。

在林懷民的磨練及賞識下，特別又為她編了一支獨舞〈女媧〉，另外，還為她安排現代舞課程，教導舞者葛蘭姆等現代舞技巧。期間，原文秀的指引更成為她努力學習的對象，於羅曼菲影響甚大。一九八三年因跳舞受傷及在雲門第一次編舞〈兩人之間〉的表現，不如預期，暫離雲門赴美習舞，並參與百老匯歌舞劇《國王與我》的演出，與世界巨星尤伯連納同臺表演，深覺受益匪淺。

其後，羅曼菲進入紐約大學研修舞蹈，得碩士學位。一九八六年發表舞作〈羽化〉，同年應香港城市當代舞團邀約，演出黎海寧的〈謫仙記〉。一九八七年自行策劃、編舞和演出「羅曼菲舞展」，並為賴聲川舞臺劇〈西遊記〉編舞。

一八八九年，林懷民特別為羅曼菲量身打造的獨舞作品〈輓歌〉，此舞已成了羅曼菲舞蹈生涯的代表作。該舞曾多次演出，帶給觀眾巨大震撼難以忘懷，甚至將其與〈輓歌〉等同視之。〈輓歌〉原名是「今天是西元一九八九年六月八日下午四時……」，是林懷民為大陸爆發的「六四」事件而作，羅曼菲藉著天旋地轉的肢體，成功地詮釋身心靈所遭受的巨大震動。而李斯特〈葬禮進行曲〉的背景音樂，彷彿哀悼「六四」天安門的輓歌，將該舞無盡哀戚、沉重無比的氛圍營造得非常震撼人心。〈輓歌〉中羅曼菲以精準的情緒和肢體動作，將身心靈承受莫大的痛苦和掙扎，詮釋得恰如其分，引來海內外不斷的邀演，曾在香港、紐約、舊金山等地演出。關心六四事件的中外觀眾，透過觀賞表演，釋放了鬱結心中積累的情緒，對林懷民和羅曼菲只有嘆服。

一九九一年，為復出的雲門舞集編〈綠色大地〉，雲門復出後以培養新秀，朝年輕化目標發展，這使得已邁入中年的資深舞者如葉臺竹、吳素君、鄭淑姬和羅曼菲，不得不開始認真思索，如何延續自己的舞臺生命，未來的角色及定位等嚴肅問題。最後，她們選擇了離開娘家，另闢徯徑，一九九四年羅曼菲與吳素君、鄭淑姬、葉竹臺等共同成立了「臺北越界舞團」，並發表創團作品〈失樂園〉，首場演出即讓舞蹈界驚豔，贏得不錯的評價。

「越界」之名，是她們為自己舞團取的名字，代表其要跨越年齡的界限，打破舞蹈的界限，結合不同領域的藝術家，一起實驗劇場表演的更多可能性。

從確立廣邀其他領域人才，共同創作和表演目標，那些年「臺北越界舞團」成績卓著，有小劇場編導田啟元、致力推廣接觸即興的舞蹈家古名伸、音樂創作者林慧玲、流行音樂詞曲創作人兼歌手羅大佑、香港編舞家黎海寧、年輕編舞家伍國柱、演員金士傑、馬汀尼、資深舞者張曉雄和陳偉誠等，都曾於「臺北越界」演出。

有了自己的舞團，羅曼菲從此每年定期推出作品，編舞的能力更備受肯定，她的舞蹈生涯，開始在表演和創作上雙軌並進。這幾年「臺北越界」推出了〈心之安放〉、〈傳說〉、〈女人心事〉、〈天國出走〉、〈蝕〉、〈無伴奏〉、〈天空之城〉、〈洞〉、〈白〉、〈騷動的靈魂〉、〈破陣而出〉、〈不完整的寓言〉、〈蛇的練習三種〉、〈愛玲說〉、〈捉畫〉、〈千變萬化〉、〈蘆葦地帶〉等，成績亮眼，有諸多舞作是與香港名編舞家黎海寧合作。其中以〈愛玲說〉最具震撼效果，羅曼菲入木三分的演出張愛玲「華麗與蒼涼」之一生，空蕩蕩的屋裡，年華老去白髮飄霜的羅曼菲，頹坐沙發，舞弄手中報紙，喃喃自語，將張愛玲孤寂的人生場景，疏離而孤僻的性格，晚年的蒼涼，活靈活現地將「張愛玲形象」詮釋得維妙維肖，令人看了盪氣迴腸不已。

世紀末，當眾多藝術家，鎖定以世紀交替不安徬徨的心情，來當作創作主題時，臺北越界舞團反而以文學經典去詮釋古今。〈蝕〉的原始構想脫胎於日本的〈羅生門〉；〈騷動的靈魂〉靈感來自畢卡索的〈亞威農少女〉畫作，羅曼菲舞作強調「人的自我觀照」，也是自我價值的認同，即在於此。她喜歡探索人的心靈，人心靈深處真正的自我，以及人性複雜的多元面向。

羅曼菲曾說：「我的創作，一定與生命經驗有關。」二〇〇二年的〈蘆葦地帶〉舞作正好印證這句話，三對舞者盡現生、老、病、死生命恆常，而無法逃避的歷程，冥冥之中，似乎預告些什麼。其後的一場病，牽引出對人生無常的感慨。羅曼菲對這一切，初感意外，首次逼自己認真面對人生，生離死別的課題，幾經掙扎，還需坦然以對。

二〇〇六年過世之前，她至少有兩次，在ＴＢＶＳ電視臺由蔡康永所主持的「真情指數」

的深度專訪中，曾毫無保留地暢談，在紐約時期，如何應考被錄取，和錄取後如何參與美國紐約百老匯歌舞劇《國王與我》的演出種種感受。

在節目中，她很坦誠的說，與世界巨星尤伯連納同臺表演，雖因此得到生平最豐厚的超大筆收入，也可以有宛若躍上舉世第一流舞臺表演的虛榮心之滿足，但是，每日、每週、每月、每年，每位參與美國紐約百老匯歌舞劇《國王與我》的演出者，都要保持夠水準的最佳狀態，幾乎每次演出時，都在重複自己原先被設定的演出角色，既無新變化，也不能在演出時出任何意外。

雖然收入是生平最高，但不能因此長耗下去，在演出半年之後，她就毅然決然地選擇離開《國王與我》的演出，轉而進入紐約大學，去研修和精進自己所喜愛舞蹈表演藝術，以便日後真正能表演出自己心目中理想的演出。可見，她是能在現實巨大的誘惑之前，以高度的清醒和自制能力，在理想與現實之間作取捨，而在兩者之間取捨，她不會猶豫不決，亦即追尋自己的舞藝精進重於一切。日後羅曼菲的優異表現，幾乎是由她堅強自覺的過人意志力，所先行決定的。而她自已也很瞭解這一點。

在節目中，透過蔡康永的技巧誘導，羅曼菲在「真情指數」的深度專訪中，也一一回答了蔡康永替收視觀眾問一些很好奇想知道的問題，例如，演出時的全神投入，是否已達忘我境界？她說：「那不行！」她接著解釋說，在演出時，她的心靈和肢體當然要有很大的熱情，來激發演出技巧，使其達到完善的境界，可是在此同時，她的頭腦一定要保持高度的冷靜和清醒，以避免不小心撞倒其他的演出者。所以在演出時，不但要能一心二用，而且還要能眼觀四面八方，在配合整體演出時，才不會出意外！此時又被問道：「要做到這點，是否很難？」她說：「只要靠長期不斷地練習，應該不難達成。」

羅曼菲的此種說法，其實和日本德川家康時期，新陰流技法和心法創立者武學大師，柳生宗矩的武士用刀法之見解，頗有異曲同工之妙。亦即，柳生宗矩認為，任何武士在從事生死對決之時，手持武士刀的身體，可以是靈活和火熱的，但心一定是高度冷靜和清醒的。像這樣一冷一熱的相互配合，才能主宰雙方對決時，出刀快速斬殺對方的最佳第一瞬間。於是，在快若閃電般地揮刀之際，最能保持清醒者，通常就是還能存活者，而倒在血泊中者，就是屬於身心皆在狂熱忘我者。

此外，她還說，舞蹈本身並無意義，意義是編舞的整體效果呈現時，在觀賞者眼中所賦予的；而舞者每天的肢體練習，其實是在不斷地重複練習中尋求突破，若無真心熱愛舞蹈表演的人，很快會身心俱疲，並會對此一行業，逐漸失去樂趣和原先主觀認知的深層期待。

至於她在〈輓歌〉中，藉著天旋地轉的肢體，成功地詮釋身心靈所遭受的巨大震動。她是如何練，可以旋轉這麼久？還不會像常人一樣的暈頭轉向，最後倒地不起？她說，先不要想到自己是不是會暈倒，然後，就自己轉呀轉，一直轉下去。每一次能轉多久，就轉多久。就這樣，慢慢練習，越轉就會時間越長。

她還說，在臺灣可能已有非常專業的舞者，也能達到或超越她轉的時間。她就看到臺北市大安森林公園，常有一群人在練習旋轉，也都能轉很久。可見，此種長時間的旋轉技巧，同樣是靠不斷地練習，就可以學會。

當她如此清晰解說，彷彿是在任教學校裡上舞蹈課時，對著講臺下一群崇拜她的學生，講解自己的學習經驗。而其講解之清楚和平易近人，可以說是很出色的一次示範教學。這種授課的成功若無本身專業的深厚素養作基礎，是無法切中要害的。

正如國際名導演李安，談當今臺灣電影事業的種種困境，或國際著名刑事鑑識專家李昌鈺博士，談其本身經驗，或介紹當今最新的刑事鑑識專業時，通常都能深入淺出，直中問題核心所在，使聽者一聽就懂，具有很大的專業說服力。羅曼菲對其舞蹈專業的清晰解說，也同樣毫不遜色。

二〇〇六年，這位不服輸的舞蹈精靈，還是告別她所熱愛的紅塵，羽化而去。然而，她的生命雖有時而盡，但她留下的舞姿、舞作，將永遠迴盪於她所摯愛的鄉土和人間。

幾部電影的觀察筆記

眾所皆知，日本「昭和歌姬」美空雲雀的〈柔〉這條歌，不論原唱的或改編成臺語歌曲〈男子漢〉的翻唱，都是風行不衰。可是，我不知道這是由日本著名大眾柔道小說家——富田常雄本人——所寫的〈姿三四郎〉，被改編為電影的主題曲，是真實地深刻描述柔道家互相決勝負的心情寫照。我是不久之前看了黑澤明導演的《姿三四郎》與《續姿三四郎》這兩部電影，才知道此事。

其實，黑澤明在戰前曾導演《姿三四郎》，但未完成，當時也未放映過。戰後又親自寫劇本與導演了《續姿三四郎》，算是呈現日本武術的最高境界。對比之下，《精武門》，《黃飛鴻》，《葉問》都有所不及。可是，美空雲雀的主題曲，不是為黑澤明的電影而唱的。

日本有二十六集連續劇《姿三四郎》，網路可觀看。我則幸運設法取得原著《姿三四郎》的中譯本，也設法取得日本文豪井上靖的柔道小說《北方的海》，真是大豐收的早上。從富田常雄的著名日本柔道崛起史長篇大眾小說《姿三四郎》，中譯本有七三八頁，到黑澤明生平兩次改編與拍攝同名電影。我把兩者都仔細看完又對照之後，終於清楚這是明治時期新武士道文化的國家精神風貌重塑的有力呈現與雄辯。讀書與理解，真不容易啊。

大村益次郎這個人有「火吹達摩」的綽號。他有自閉症，卻是無師自通的戰爭天才，學荷蘭醫學出身，卻同時成為現代戰爭專家，明治維新的主要戰役，都是由於他的天才指揮才獲大勝。他是日本陸軍之父，靖國神社的創立者。四十九歲被暗殺。可是卻預料十年後的西鄉隆盛造反，預為安排對策，將西鄉擊敗。

我讀司馬遼太郎所寫的《花神》，是因為大村益次郎的歷史形象到他的書裡，才最光芒四射。在此之前，也有大量的傳記在日本國會圖書館收藏，我取得很多。我將井上清的巨著《日本軍國主義》一書，以及英國著名軍事史家莫里森的《日本皇軍興亡記》一起參看。司馬的歷史消化能力，實在令人讚嘆。

司馬遼太郎七十三歲因大腸動脈瘤而在大阪醫院過世，這裡也是大村益次郎死亡的病院，晚年坐骨神經痛。

談判的基礎，背後若無實力，則無平等立場之妥協出現。明治維新初期，江戶無戰而開城，並不取決於勝海舟與西鄉的談判成功，而是大村益次郎率領的長州陸軍，已大敗幕府發動的聯合軍於第二次討伐長州之戰，幕府軍已無力反抗。江戶開城後，治安一片混亂，城內暴徒橫行，西鄉沒有力量控制，於是再由大村指揮平定，之後討伐北海道的反叛軍也是大村指揮所底定。

大村是陸軍之父，靖國神社的創立者，所以只有他的全身銅像站姿，才能立於靖國神社內。

司馬遼太郎所寫的《花神》，透過主角大村益次郎的線索。深入理解明治維新最關鍵的前兩年狀況，西鄉隆盛的軍事才能，在大村眼裡，毫無價值，大村在生前，指揮過西鄉作戰，死後也留有計畫，將八年後，西鄉領導的叛變一舉消滅。

日本靖國神社內的唯一巨大銅像，就是大村益次郎。西鄉沒有資格放在其內。日本內戰最慘烈悲壯戰役，是明治十年爆發西南戰爭中的田原坂殊死戰，日後的硫磺島浴血戰，也未必比此更慘烈。但，若是大村益次郎仍在的話，在他的規畫與指揮之下，政府軍早已戰勝叛軍。

仲夏客廳書房中的涼爽聯想

夏天在家有冷氣，我自己在客廳間、書房內，若無訪客來，都是裸露上半身或只穿內衣褲讀書寫作。我常一邊讀一邊感觸很深，因為我們現代的知識之多，讓人很難淵博與深入理解。例如單是身上的皮膚，或呼吸的醫學知識，就可以有幾十萬字以上的相關論述。不像文學描寫那樣，有感情與想像去表述，就可以滿足。

因此，對於大腦的功能與認知神經科學，就更難透澈理解了。然而，認知的改變還是持續發展中。例如在葛詹尼加教授的自傳中就提到，從現在大腦神經科學的認知研究可以知道，過去佛洛伊德的論述都沒有科學根據。可是，以美國法院的精神犯罪判決的狀況來說，如今回顧的話，可以發現甚至直到五十年代，仍是以佛洛伊德的理論，作為精神犯罪判決的權威依據。可見，現代新腦神經認知科學知識的精確性，能讓過去的一些認知陰影逐漸為之消散無遺。

再者，把失憶症的故事，拍成讓人感動的電影，最重要的是，呈現的過程與故事情節，觀眾都能當下明白與出現反應。所以《長路將盡》這部電影的劇情呈現內容，也是意在表達人類記憶的喪失，等於生命一切關連或意義，都不存在了。由此可知，人類的存在，正如英國哲學家巴克萊所說，若沒有被感知，就等於不存在。因此，這不只是哲學的命題，也是人類真實存在及其整個價值體系的認知根源。

因而如上所說，當人類記憶喪失時，也等於生命一切關連或意義都不存在了。換言之，綜使人仍還活著，能呼吸、能飲食、能大小便；但，這又與現實聯繫有何關係呢？不過就是一個未斷氣的生物軀體而已！

再者，人類大腦認知的革命：鬼神幻影不再縈迴腦際。人類大腦神經認知科學與認知心理學的合流，是出現於二十世紀的八十年代，而行為主義科學的外部行為研究模式，在一九五六年正式被學界放棄。於是，二十世紀後期與二十一世紀當代，發展最快的就是大腦神經認知科學的相關發展。認知療法也是在這潮流中發展出來的。

大陸對於西方各著名心理學發展的著作翻譯，可以說潮流洶湧，日新月異，規模大，類別多，無所不包。在這類新認知科學視野中，沒有神，沒有靈魂，沒有鬼怪，就是神經元、信息加工、協作、重構，如是而已。

二〇一五年六月十七日，我看了葛詹尼加等所寫的《認知腦神經科學》巨著的第一章，有關此領域歷史發展的回顧簡史之後，終於了解其中的核心認知內涵。於是，便開始大規模設法取得幾十種像這類的書籍。但其中有幾種，其實是我之前就曾設法取得的，只是如今我才總算清楚地知道，這類書籍彼此之間的相關性何在。

在黑暗谷底緊握住光

開場白：異哉，鄰婦之言！

鄰婦是近十幾年前，才買下隔壁的二樓透天厝，先生在上海工作，她平日門戶深鎖，而我進出家門時間又不長，所以我從來不知她的姓名與長相。

去年她先生在上海心肌梗塞猝死，她非常傷心。由於妻子認識她，彼此略有交談。她竟屢次對妻子說，她也沒有看過我曾做哪些善事，或哪些功德，為何竟然可以在每次遇到重病後，都能死裡逃生？

其實，她對於我如何就醫、治療方式或我的醫學知識、理性判斷程度與生活各方面都能節制自律等，根本毫無所悉，因而她只能想到我有無做哪些善事，像捐錢幫助他人、或常去求神祈福、免災殃等，那些傳統大眾深信的生活習俗與常識認知。可見她依然是被傳統習俗浸透思維的不自覺行事囚徒。這便導致她雖住在我隔壁十幾年，卻是與我的認知與思維完全處在兩個不同時代的差異視野上。所以，我聽妻子轉述之後，只能一笑置之！

有關人生的問題，尤其是生死的問題，一般人可能會覺得很遙遠。但是對我而言，生死的問題從小就一直是我心理上的陰影。

記得小時候，我父親有一段時間搬了一些神像和佛經回家。那些佛經放在家裡，我就多少看一些，像《金剛經》，當時似懂非懂，但是這就已經埋下一個種子了。可是，卻要到我二十九歲時，才出現我人生最大的突破。原因是，當年從小就很照顧我的廖姓老夫妻先後過世，有一天，廖姓老夫婦的兒子打電話給我，說他的母親過世了；臨終時，希望我回去拈香。

我去到他家時，大廳中都沒有人，只有一具棺木。我拈香後，就坐在棺木旁邊。本來，我對死人是很害怕的。但是，我從八點坐到九點，一直在思考一個問題，人生最後的點，被切斷後是什麼？最後，我悟到生和死只是一個轉折而已。當時，我就好像進入了三昧之中，而體認到我與死去的人，並沒有差別。從此以後，我便徹底割斷世間的溫暖，就像自己死掉了一樣，以後的歲月，就像一個新的生活的開始。我當下體認到我們心裡的念頭，其實就是我們噩夢的來源。當自己把自己當作死了的一剎那，死亡就不會成為我們的負擔。

我也才能了解《金剛經》所說的，為什麼要無所得，才能進入般若的智慧。

《金剛經》中的名句「應無所住而生其心」，很多人都望文生義，自作解人。我則認為，所謂無所住是因為萬物皆流變，人的心念亦然。因而，人的清晰思維，就像理性的陽光，照在奔流意識的瀑流上，正如成語「水流心不競」，你就可以達到最高專注與清晰的思維境界。並了解到，心是一切妄想的來源，要解脫就要從心下手。

如果我們由此來反思一些世間禁忌的問題，通常都可以發現，在臺灣，特別是在鄉下，通常一般人辦喪事，都會有生肖沖煞的禁忌。

我當兵回來兩年後在竹北上班，常常在一家竹北火車站前自助餐店吃飯，有一天自助餐店的老闆忽然過世，只剩下一個養女，他養女希望我能幫忙。當時我還考慮到禁忌的問題而猶豫不決，後來我看到葬儀社的人在她家工作，我就問葬儀社的人，如果他們碰到對沖要怎麼辦？結果葬儀社的人說，吃飯第一，即使對沖，也要做，而且他是做好事，鬼應該要感謝他才對。我當時想：你可以例外，一切就可以例外。既然他做一輩子，都不會有問題，那我怎麼會有問題。

這些都是屬於佛法中的世俗諦看法，但是沒有世俗諦就不會進入勝義諦。所以具足佛法的正見，就不會被世間的禁忌所束縛。我們會產生疏離感或是對環境感到不安，往往是對環境的認識不足，而不知如何把握。因此越艱難困苦的地方，就越迷信。

關於心理障礙的問題，我再以個人為例：我在三十二歲那一年結婚，太太的身體一直不太好，也生了一對兒女。那時我正在師範大學就讀，對佛法有深入的認識，生死的問題也不再困擾我了。我覺得我已經盡了人生的義務，而太太的身體也不能動手術，當下我就決定去結紮。當時對男性結紮還存有疑慮，我公司的一些同事問我：會不會有任何影響？我說完全沒有。其實我覺得這只是一種心理的障礙而已。

所以，現代人的心理疾病，應該要用正確的心態去面對。佛法如果通了，自然就能夠開智慧、去除煩惱、去除心理障礙。要能在日常生活中實踐佛法，才是正道。佛法的薰習，要有正知正見，最怕沒有一門深入。

有一次，我去佛教慧炬學會的「印光紀念堂」聽演講。

聽完時，有人向主講者請教：他的父親得到癌症，不知是因為害怕，還是因為病痛，脾氣非常不好，常常會罵人，甚至要打人，這樣要如何處理？結果那位演講者卻對他講一些很深的佛理。當場，我就忍不住站起來說：「鄭教授，你講的佛理，正不正確，姑且不論，但是你說法的對象，顯然錯了。他遇到的問題，是日常生活中的問題，而你對他講的這些高深的佛理，說得再多，也無法解決他的問題。

「他的問題，其實很簡單，他應該跟他的父親說：根據佛法，一個人臨終時的業力，與他的心境有關係，如果臨終前那一段時間，想的都是黑暗的，那麼下一階段的輪迴，就是墮入畜生道。

「相反的，如果在那一段時間的心境，都是清淨的、沒有煩惱，那麼下一個階段，當然就會朝向比較光明的輪迴。所以，應該要教他念佛。……」

念佛不是迷信，念佛是讓我們的心不會散亂，也可以讓我們對痛苦的事，比較能接受。我們對痛苦是害怕，若能真正去面對，反而就不再那麼痛苦了。在人生當中，我們都難免會遭遇到痛苦的事情，或是遇到挫折。當遇到這些事情時，如果就認為，這是自己運氣不好、或是祖先沒有積德、是命中注定的，那麼他的人生，就永遠是黑暗的。

我再舉個例子，我在飛利浦的主管是新竹地區非常有錢的人。我要退休時，他也準備要退休，但是他每天都在煩惱，退休以後的日子要怎麼過？在他心裡充滿了對老年來臨的恐慌，以及充滿了對財產的眷戀。所以，他非常怕死，公司的飯菜不敢吃，一定要自己帶便當，一雙筷子一洗再洗，被蚊子叮了，就要趕快去打預防針，在他的生活中充滿了恐慌。

他是現代人的一個典型的例子，擁有財產也擁有健康，但是他的生活沒有內涵。所以，我就告訴他一些佛法，佛法講的是因緣生因緣滅，要放得下才能得。我將對佛法的認識，來過我的生活，我的生活是越來越光明，而他卻因為不認識佛法，而生活越來越黑暗。

現代人如果對佛法沒有正確的認識，往往就會走入迷信、走入神通的追求。最後會發現，那只是在努力追求一場幻夢！

再說，什麼是佛陀智慧？我認為，光坐在佛陀悟道的菩提樹下，是不能複製當年佛陀經驗的。為何？理由簡單而清楚。若你自己根本沒自己的問題意識，只是跟著別人作法一樣的炮製，學習再久，同樣是笨蛋一個，不會像當年的佛陀在此悟道。

佛陀出家，苦行六年，學會並精通一切冥想技巧，被同行稱譽不已，可是他的心中疑團沒有解惑，於是他放棄所有苦行技巧，走出叢林，正常飲食，等體能恢復，才放上乾稻草在樹下，開始靜坐冥想，並觀察自己的身體變化，於是他才找到真正領悟讓生命輪迴中止的答案。

在原始佛教經典中，可以讀到修煉時期的佛陀，當一個人半夜在陌生的黑暗叢林中靜坐時，還是會有恐懼。於是他站起來一直來回散步，直到恐懼消失，才又坐下來，專注冥想。

原始佛教僧侶早期常在亂葬墳場，看人的屍體腐爛過程與狀況，又不想讓自己赤裸身體，所以就地撿一些墳場死者的破衣服縫來穿，這叫「百衲衣」，因其是由很多破布縫起來。其實，原始的佛教禪修訓練場所，往往就是在到處都是死屍腐爛的處所就近觀察，明解人體腐爛成白骨的流程，以確信生命非永久性事實。可是，後來導致大批厭世自殺潮，因此才改為集中注意呼吸的節奏，來提升精神境界。

至於有關現在臺灣佛教僧尼口中常常提及的修行問題，到底要如何來正確理解？在此，我願意從原始佛教是重視佛教流變哲學的傳授與生活實踐出發，提供一個思考模型。

禪修只是精神集中與專注冥想的有效輔助手段之一，也是古印度所有宗教活動的共同特徵，即瑜伽。然而，原始佛教是起源於人生皆苦的現實感知現象，而苦的發生與人類天性上有貪、嗔、癡這三類強烈負面情緒有密切關連，而更根本的來源就是人有無明的盲目意志。後世在大乘經典中出現眾生皆具佛性這樣的法身佛概念，就不可能與這種苦與煩惱的宗教哲學並存。

但是，原始佛教又是反對苦行的。因苦行無助於覺悟的智慧開啟。原始佛教的「苦、集、滅、道」四聖諦，是中道法，不是苦行法。這是佛教的基本常識。只有佛教異端像提婆達多這一類，才主張苦行。佛教的「修行」，是要不斷學習上述的佛教實踐哲學，並在僧團的嚴格行為規範下，繼續到生命結束為止。若無法遵守者，必須還俗，或被驅離。

總體來看，佛教其實是用戒、定、慧三者的關連作用，來有效達成趨向最終目標：涅槃。以後，經、律、論三者，就是佛教大藏經中的傳承與實踐的內容。若照此來定義佛教修行，那麼當代佛教僧徒的平素作為與相關言論，離這樣的標準，有十萬八千里呢。

臺灣廣大的佛教徒其實有百分九十九的人，不知道有關佛經本身的長期發展變革史。佛陀保留在原始佛教中的言說，只是現在佛經的一小部分，並且死後的僧團解釋也相當分歧。至於大乘佛教經典，是深受印度教復興之後的新思想影響。釋尊所說之語，通常是藉各類法身佛之口講出來的。其實，常、樂、我、淨，是源自印度教的思維影響。

以我自己的長期體驗來說，我自從五十年前來竹北，進入竹北火車站西邊的電子公司擔任機房操作員後，從此就定居竹北至今（二〇二〇年）。在當時，工廠東面鐵道邊就是著名的「臺元紡織廠」，老闆就是嚴凱泰的母親吳舜文董事長。三十年後，電子公司關門遷廠到大陸，土地出售，員工離散。「臺元紡織廠」也關廠，轉型為「臺元科技園區」，氣象為之一新。可是現在，就連「臺元科技園區」也撐不下去了，因此，我不禁要問：若是你已看了很多上述的實例之後，你說，誰能靠主觀意志，就可以扭轉這一切環境的大變化呢？我能冷靜與理智地信服：宇宙的自然律原本就是，一切興廢無常，存者必空，萬物皆流變不已！

以上，我對本書讀者們回顧過去幾十年間，我猶存記憶中的各類往日歷程印象，儘管是長短與繁簡不一的素描筆記彙編而已。如今若我想再稍微談一點晚年生活心境的話，似乎應有類似總結般的自我評估或定性才對。所以藉著這篇隨筆，我就約略談一談自己到底是如何看待自己的？

首先，我自認是一個既能思考又會觀察問題並善於解決問題的人。我已在臺灣社會生活幾十年了，如今這樣講不算過分。並且我在過去幾十年中，已歷經各種學習與考驗，並曾實際證明過無數次自己確具此一能力。儘管如此，在另一方面，我也曾學做香、當泥水匠、學照相術，卻都沒有真正成功成為職業達人。我後來多次檢討並確認其原因，非我太笨或太偷懶，而是由於我太好學、太聰明，無法忍受傳統師徒制，那種一定要三年四個月學徒期才能出師的無理折磨與勞力剝削。我的人生志向也不在這些方面，當然就沒有熱情堅持下去，而是選擇離開，另謀他途發展。

之後，我又當過雜貨店店員、機關的工友，我非常成功，堪稱是第一流。因為這當中可以思考，有創意，可以處處請教，讓我的知識增長與技術精進，出現大幅度的優異成績表現。等到我去當兵，我有服務公家機構多年經驗，因此在軍中我很快就成為超級文化水準的大頭兵，之後才有機會進入氧氣製造廠服役。這在當時對我來說，真是無比難得的學習良機。

現在我常覺得每天日子過得好快。當我一面這樣感覺時，一邊又暗自慶幸，自己年輕迄今始終都能如此很努力和謹慎過日子，晚年古稀歲月，才能如此平安度日、生活無憂，否則就會坐困愁城度日如年了。

我在日常生活中，常看到臺灣很多有錢人致富之道是沒有商業道德的，不但唯利是圖，又非常勢利眼，很會擺架子。因此我向來瞧不起這些人，也不會羨慕彼等過於奢華的生活。我自己選擇能力所及的自主簡樸生活，不用看別人的白眼，將虛榮心僅限於知識的探索與審美品味的提升，並承認自己只是凡人，有種種優缺點，這樣過著日常的生活，就很滿意了。

我的人生之路抉擇

我讀碩士與博士的最初起念，是青年時代讀李敖的書，知道他離開研究所，沒有拿到學位。我就想，換我來闖關看看。當時我根本高中都沒進。後來也是自修，考學力檢定及格。當我考進臺大時，才知道臺大其實是很好的讀書環境，成名的機會很多、很快。可是，我只是專注於學術研究，一路都是最佳成績，只有高級英文除外，因此非常意氣風發。

我知道校園內另外有潛規則，或入國民黨，或走民進黨路線，都各有好處。我卻捨棄。因我曾進公路局，學會中國官場的那套應酬技術，看穿如何貪污、如何撈好處那一套。當奴才我也可以一流。但，我不想。人的一生很短暫，可以選擇自己有尊嚴的自主生活。所以我一路著作不斷，最優拿博士學位。之後，繼續走自己的學術路線迄今。我沒有任何猶豫或後悔。

某位女作家曾在她臉書上感嘆自己是窮人家子弟，所以與臺大無緣。可是，我比她更窮，中學課程還靠自修完成，但我輕易進臺大，一路讀完博士，都是頂尖的。所以窮不是無法讀臺大的全部原因。

可是，我也面臨過學術研究與生死的一生最大賭注。我一九九七年開始「多發性骨髓癌」

治療，主治醫師陳耀昌教授告知最大存活極限只有二年八個月。而我在臺大歷史所博士班的最後畢業期限，也只剩三年。所以我在最後的一學期以生死相搏，每天超過十六小時，持續打筆電，快速書寫，最後是六十四萬字畢業論文出爐，高分畢業，代表應屆臺大全體博士生上臺。（現在臺大的畢業典禮是哪天？我不清楚。不過回憶二十年前，我博士畢業那年的畢業典禮，卻是在六月二十日舉行，並且當天全校一萬多名的畢業生中，只有我是唯一上臺的。轉眼已過二十年了。）

不只如此，大病之後，我沒有到處活動，才更精進於學術探索，寫了十幾本著作。如今，新的一本書又接近完成了。可見，人生之路不是在真空無阻力之下行走，而是像在水流中奮力前進，如意與不如意，就是阻力的大小限制而已。冷靜、清醒、忍耐，精進，這樣就無苦惱與沮喪。

後記

深深的感激

本書全文的書寫呈現與豐富多變的內容介紹，必須感謝初安民先生的慧眼識英雄，願意出版本書，所以才有這樣文學專業的動人面貌問世。其實我過去並不認識初先生本人，只是在臉書上交流而已。

但因他是當代台灣文學專業的出版名流，並擁有一流的專業編輯群，且負責本書的宋敏菁女士，更是我生平僅見的編輯高手。此次何其有幸能經由她多次對本書進行各篇名的改訂與妥善潤飾全書文體，讓我因而有強烈信心，當本書正式出版時，將會躍升成當代優質著作之一。所以藉此短文，我謹致上內心最深層的無盡感激，也請本書讀者屆時不吝對我指教。

People 19

INK PUBLISHING

來自大溪
從失學少年到臺大文學博士之路

作　　者　江燦騰
圖片提供　江燦騰
總 編 輯　初安民
責任編輯　宋敏菁
美術編輯　陳淑美
校　　對　潘貞仁　江燦騰　宋敏菁

發 行 人　張書銘
出　　版　INK印刻文學生活雜誌出版股份有限公司
新北市中和區建一路249號8樓
電話：02-22281626
傳真：02-22281598
e-mail：ink.book@msa.hinet.net
網　　址　舒讀網http：//www.inksudu.com.tw

法律顧問　巨鼎博達法律事務所
施竣中律師
總 代 理　成陽出版股份有限公司
電話：03-3589000（代表號）
傳真：03-3556521
郵政劃撥　19785090 印刻文學生活雜誌出版股份有限公司
印　　刷　海王印刷事業股份有限公司

港澳總經銷　泛華發行代理有限公司
地　　址　香港新界將軍澳工業邨駿昌街7號2樓
電　　話　(852) 2798 2220
傳　　真　(852) 3181 3973
網　　址　www.gccd.com.hk

出版日期　2021年 12 月　初版
ISBN　978-986-387-506-2

定　價　350元

國家圖書館出版品預行編目資料

來自大溪──從失學少年到臺大文學博士之路／江燦騰 著；
--初版，--新北市：INK印刻文學，
2021.12 面；14.8 × 21 公分（People；19）
ISBN 978-986-387-506-2（平裝）
1.江燦騰 2.自傳 3.臺灣

783.3886　110018937

舒讀網